お酒好きに捧ぐ

ツレヅレハナコのおいしい名店旅行記

ツレヅレハナコ

LaLa Begin特別編集

はじめに

多い時には、月の半分以上を旅先で過ごすほど、
公私ともに旅することが多い人生です。
仕事の旅であれば、もちろん本来の業務を果たすことが第一。
でも私が事前に準備するのは、現地での飲食店調べ。
朝、昼、夜を問わず、その土地ならではのうまいもんや、
おいしいお酒が呑めるシチュエーションを探すのです。
だって、旅に出て仕事だけだなんて悲しすぎる！
プライベートなら、あえて決めずにふらりとお店を探すのも醍醐味。
長年鍛えてきた、私の「いい酒場発見センサー」が大活躍します。
そんな旅なので、この本に観光スポットの話は一切出てきません。
でも、これまで出会った珠玉の旅先案内はみっちり詰め込みました。
あなたの次の行き先の、小さなヒントになればうれしいです。

KIRIN BEER

目次

東北

関東

中部

近畿

中四国

九州

本書はLaLa Beginの連載『旅先晩酌』の内容を再編集したものです。
掲載している情報は著者訪店時点のもので現在とは異なる場合がございます。
掲載商品の価格は税込み表記です。

staff

写真　大見謝星斗
伏見早織
武蔵俊介
イラスト　naohiga
デザイン　荒張悦子（ooww）
編集　矢崎香澄

東北

10年ほど前から通いだした東北地方。
言わずと知れた酒どころ&肴どころで、
行くたびにへべれけになっています。
シャイで心やさしい東北の人々と、
塩辛いつまみを片手にいざカンパイ！

01

壁一面に貼られた短冊を眺めるだけでお酒がすすむ！

｜秋田県｜秋田市｜

永楽食堂

秋田県秋田市中通4-11-10

☎ 〇一八-八三三-一四七三

秋田へ行くと、必ず立ち寄るのが「永楽食堂」。ＪＲ秋田駅からすぐの場所にある小さなお店ですが、店内に一歩入れば誰もが圧倒されるはずです。

「食堂」と名がついてはいるけれど、営業は夕方から。そして壁には、地酒の名前が書かれたカラフルな短冊が一面びっしり！　初めて来たときには、その迫力に「うわぁ」と口に出てしまいました。

メニューは向かって右半分が秋田のお酒、左半分は全国のお酒。地酒好きなら、もうときめかずにいられない！　さらにすばらしいのが、カウンターにズラリと並ぶ総菜の数々。大鉢に盛られた魚介の煮物、揚げたてのフライ、長いも明太子チーズ焼き……、そんな中から、私がいつも頼むのは「ちくわ納豆揚げ」。

ちくわに縦に切り込みを入れて、納豆をギュッと詰めたら焼きのりで巻き、天ぷら粉をつけて揚げたもの。これが絶妙なバランスで、めっぽううまい！　家でも真似して作ればよいのだろうけれど、なぜかこの店ではムショーに食べたくなってしまう大好きな一品です。

そうそう、見どころをもう一つお伝えするならば、メニューの黒板。何とも言えず読みやすい良い字。こんな黒板メニューに出会うと、「いい店に違いない」と心がときめきます。

いつも満席のお店は、日本酒への愛と知識にあふれた元気な女将さんがバリバリと仕切るのが常。質問すると、いろいろ教えてくれるのがうれしいところです。びっくりするほど種類がそろっている希少な地酒「新政」のほか、おすすめしてもらった秋田でしか飲めないお酒を堪能して新幹線に乗るのが、いつもの楽しみなのです。▼

\地酒/ 新政 と ちくわ納豆揚げ

at. 秋田県秋田市

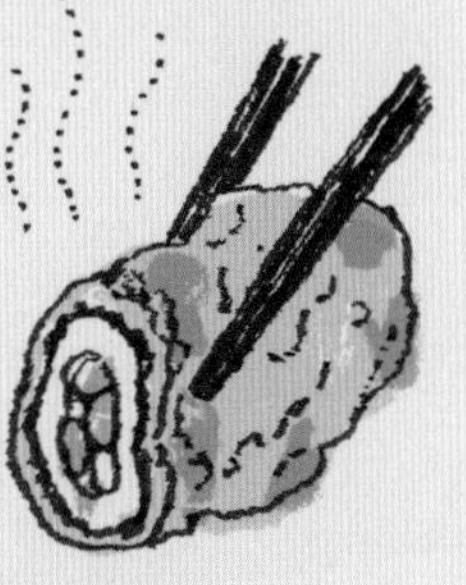

「新政」を造る秋田市「新政酒造」は、今後の日本酒業界の鍵を握るといわれる注目の蔵。「ナンバーシックス」は唯一の定番生酒。

ZURARI!

アルバイトは秋田大学の学生さんの間で、代々受け継がれて口コミ募集されるとの噂。カウンターには、総菜がズラリ。季節のものから定番メニューまでそろいます。揚げ物は、オーダーすると揚げ直してくれてアツアツ！

「食堂」という名に惑わされず店内へ！ 素敵な酒場です♡

こちらが、愛する「ちくわ納豆揚げ」！ ギューギューに詰められた納豆とサクサクの衣が楽しい。焼きのりがアクセントに。

壁のメニューを見ているだけで呑める！

02

東北が生んだ
ショートパスタ！
二日酔いに効く
岩手県の「ひっつみ汁」

―岩手県―上閉伊郡大槌町―

旅先では、お酒を浴びるほど呑んでから寝ることがほとんど。もともと呑ん兵衛なうえ、行く先々で出会う地酒の誘惑にまったく抗えないからです。

あれも呑みたい、これも呑みたい、地元ならではのつまみも盛りだくさん……。そんなことをしていれば、もちろん翌朝は二日酔い。ベッドから起き上がれないまでが旅の醍醐味(?)だと思っているのかも。

ありがたいことに胃腸は丈夫なので、二日酔いでもきっちり空腹に。先日、訪れた岩手県大槌町で「吉里吉里《きりきり》婦人会」の皆さんに教わった「ひっつみ汁」は、そんなグダグダの胃腸にもしみわたるおいしさでした。

豚肉や根菜を鍋で炒めてから水を注ぎ、煮えたところで加えるのが「ひっつみ」と呼ばれる平たい団子。小麦粉とでんぷんを混ぜた「すいとん粉」に水を加えて練ったもので、指でひっつまんで薄っぺらくしてから鍋に加えていくのが特徴です。煮えたら、醤油か味噌で味をつければできあがり〜。

このひっつみ、驚くほどにモッチモチのぷりっぷり！　肉や野菜からのだしを存分に吸い込み、なんとも言えずおいしい物体になっています。餅でもなく、うどんでもない。言うなれば、東北のショートパスタ？　各家庭によって入れるものや味つけが違うというのもおもしろい。

七味をかけて汗をかきかきいただけば、食べ終わるころには二日酔いなど遥か遠くへ。あー、お腹いっぱい。もうひと眠りだけしたら、散歩がてらに夜の街へ呑みに行こうかな。そんな欲望のままのサイクルで、私の旅はいつも回っているのです。

今回誘惑に負けた地酒「AKABU」。大槌町に蔵を構えていた赤武酒蔵が津波で被災、盛岡へ蔵を移して醸造した新ブランド。うまみはありつつ爽やかでフルーティな呑み口が特徴。

小麦粉とでんぷん粉を混ぜたひっつみ専用の粉。生地を練って１時間以上寝かせてから使うのがなめらかな食感のポイント！

AKABU と ひっつみ汁

at. 岩手県 上閉伊郡 大槌町

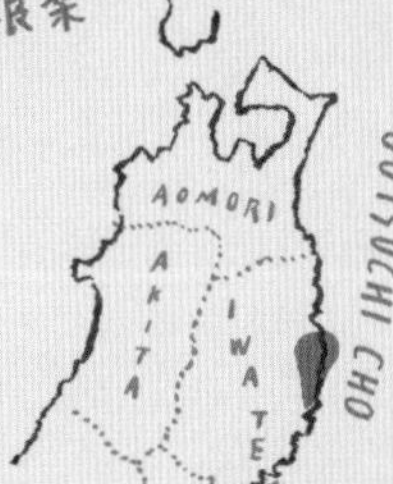

ひっつみ汁は岩手県を代表する郷土料理。「とってなげ」「はっと」とも呼ぶそう。練った小麦粉生地をちぎって投げ入れる（ひっぱってなげる）具だくさんの汁もので、寒さが厳しい土地にはぴったり。

03

濃厚な鴨だしを吸った ホロ苦いセリに悶絶！

一宮城県一仙台市一

いな穂

宮城県仙台市青葉区中央 1-8-32名掛丁センター街東

☎ 〇二二-二六六-五一二三

東北を代表する繁華街がある宮城県仙台市。私も季節ごとに楽しみにしているおいしいものがたくさんあります。

冬から早春にかけてのお目当ては、ズバリ「セリしゃぶ鍋」！　関東では耳慣れない鍋ですが、東北人はセリが大好き。白菜や長ねぎ並みに、鍋のスタメンと言っても過言ではない食材なのです。仙台には「セリしゃぶ鍋」を食べさせる店が多くあり、なかでも私のお気に入りは青葉区にある居酒屋「いな穂」。このシーズンに仙台へ行くと決まったら、真っ先に予約の電話を入れています。

注文すると、まず運ばれてくるのは土鍋。中には鴨肉の入った甘辛しょうゆ味のスープが注がれています。別途、登場するのが山盛りのセリ。こちらでは、こだわりのセリ生産者さんから仕入れているそうで、ピンと新鮮で美しい！　見どころは、泥が一切ついていない真っ白な根っこ。何時間もかけてていねいに洗わなければ、こうはなりません。

途中、カウンター内を覗くと、ご主人がシンクでずっと何かをしている様子。見れば、冷たい水中でのセリの仕上げ根洗い！　ああ、まさにこの手間なのね。

一度にセリを入れず、1回分ずつスープにくぐらせていくのがセリしゃぶ鍋を楽しむコツ。一口食べれば、濃厚な鴨だしを吸いこんだホロ苦いセリに感動しきり。あー、なんていい香り。地元の銘酒「伯楽星」がぴったり合う！　仙台まで来てよかったわあ。

「まだ冬は先だから」なんて油断していると、あっという間に一年待ちわびた地元客の予約でいっぱいになってしまうお店。ぜひ夏くらいから、仙台セリしゃぶ鍋旅行を企画してみてくださいね。

セリ鍋 & 伯楽星《はくらくせい》

at 宮城県仙台市

鴨からでるだしもたまらない！

地元客も観光客も一年間心待ちにしているセリ鍋。ご主人に質問すると、いろいろなこだわりポイントを教えてくれます。

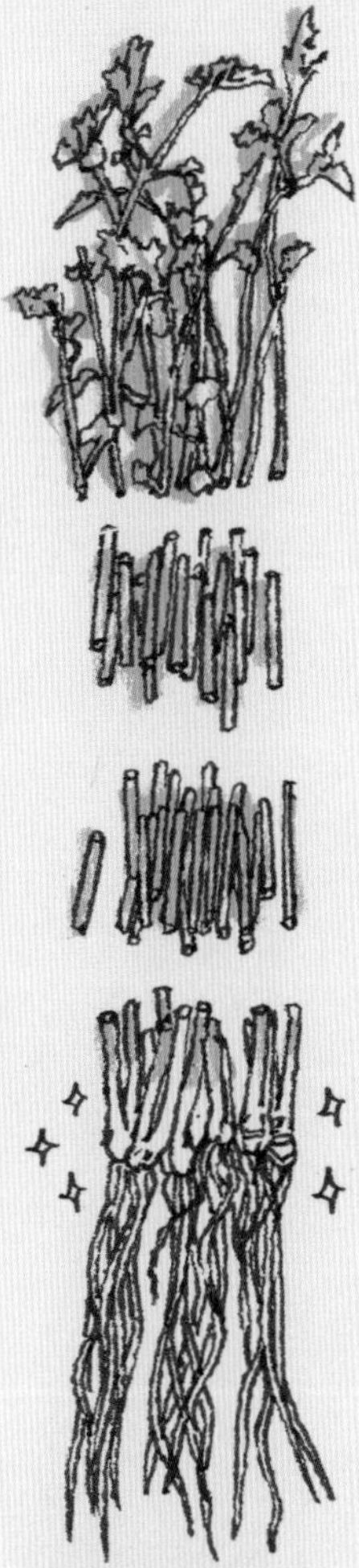

「究極の食中酒」と言われるほど、食事のじゃまをしないことで知られる宮城県の銘酒。やさしい香りとほどよい甘み、ほのかな酸が和食にぴったり合います。もちろん、セリ鍋にも欠かせませんよ～！

こちらの「自家製クジラベーコン」は、脂の甘さに悶絶です！

どんなに寒くても出会う人々はあったかい

「東北が好きだ」と話すと、よく言われるのが、「行ったことないなぁ」「東京から遠いよね」という反応。いやいや、みんなの大好きな北海道や沖縄の方が遠いから――！

でもね、気持ちはわからないでもないのです。たぶん、行ってみたところで、どこで何をすればよいのかイメージが湧かないのかも。

寒くて、雪で、田舎で、りんご……？　そうね、だいたい合ってはいる。でもそれは、東北のほんの一部分。特に呑ん兵衛にとっては、パラダイスと言っても過言ではないエリアです。

米どころだけに地酒の蔵は無数にあり、個人的には好みの味わいのものが豊富（淡麗辛口系よりも、味わいが濃くフルーティなものが多い）。

筋子、塩鮭、漬けもの……、おつまみは全般的に塩辛くて、これまた酒（白メシも！）が進む。いつだったか青森市民に「東北は全般的に塩辛いけど、青森は突出しているよね」と言ったら、「短命県1位の座は渡しませんよ！」と笑顔で言われたのを思い出します。

雪景色も素敵だけれど、涼しい夏もさわやかでおすすめ。岩手県遠野の澄み切った山の空気は、ぜひ味わってほしいなあ。秋田県男鹿市の「なまはげ館」ははるばる行く価値ありだし、福島県会津市の馬肉は最高。宮城県盛岡市の飲み屋街は行きつけをつくりたくなるし、山形の中華麺文化は食べ歩くべき。

どの県も共通するのは、シャイだけれどやさしい人たちばかりなこと。目を合わせてくれない酒場の大将が突然サービスで一品出してくれるなんてざら。元気な声で飛び込んだら、その魅力に触れられるはず。

いい酒は朝が知っている
品質の良さは飲んだ後でわかります

東北旅の注意点

● 見逃せない旬の食べ物

金華サバや大間のマグロなど、一級品の海の幸が楽しめる東北。1月~3月はあんこう・牡蠣、夏はサバ・ウニ、秋～冬はイカなどが旬を迎えます。そして、春はさくらんぼ、夏は桃、秋はりんご、冬はいちごと、果物からも目が離せません。

● 交通手段

エリアによって積雪量は異なりますが11月中旬～3月まではスタッドレスタイヤやチェーンが必須です。旅館や観光施設などは最寄駅まで送迎があることも多いので、雪道が不安・道中お酒も楽しみたい方は、公共交通機関でも十分楽しめます。

● 主なイベント開催時期

【青森】ねぶた祭 8月2日～7日頃【秋田】横手かまくら 2月中旬【宮城】仙台七夕まつり 8月6日～8日頃【山形】蔵王樹氷まつり 12月下旬～2月下旬【岩手】盛岡さんさ踊り 8月1日～4日【福島】須賀川松明あかし 11月第2土曜

● 服装

春先でも雪が残る場所があるので、アウターやマフラーなどを忘れずに。例年6月中旬～7月中旬頃までは梅雨のため、雨対策をしておきましょう。夏は真夏日になることも。日中と夜の寒暖差に対応できる服装で。11月以降は冷え込みが厳しくなります。

銘酒案内

東北編

冷涼な気候を利用して、フレッシュな酒づくりが盛んな東北。米どころが多く、フルーツの生産量も多い地域なので、日本酒だけでなくワイン、シードルなども見逃せない。そんなマストで買って帰りたい東北の銘酒4選です。

陸奥
八仙
MUTSU HASSEN
AKABU

もりやま園のテキカカシードル

甘すぎずキレがあり食事に合う！　りんご全体のおよそ9割にも及ぶ、間引き=摘果により、廃棄される未成熟りんごをシードルへ昇華。ジャパンシードルアワードで、国産銘柄初の大賞受賞の究極のSDGs商品です。330㎖ 660円(もりやま園株式会社　info@moriyamaen.com)

グレープリパブリックのRosso2021

山形県南部の風土を活かしたワイン。香りはフルーティな中にスパイシーさも感じます。味わいはスチューベンやデラウェアの果実味と酸味、そしてカベルネソーヴィニョン由来の程よいタンニンが好バランス。750㎖ 2970円(グレープリパブリック　info@grape-republic.com)

赤武酒造のAKABU純米吟醸

りんごのような果実香、バニラや杏仁を想わせるまろやかな香りに爽やかな甘みをともなった淡い酸味と穏やかな渋み。日本酒に慣れていない方にもおすすめしたい1本。シーフードマリネなど爽やかな料理によく合います。720㎖ 1980円(赤武酒造株式会社☎019-681-8895)

八戸酒造の陸奥八仙 黒ラベル

八戸蟹沢地区のミネラル豊富な水質で造られた、骨太で肉厚な味わいがお肉料理にも合います。うまみと酸のバランスがよく、キレのある後味。おちょこではなく、大ぶりの白ワイングラスで香りを楽しみたい日本酒です。720㎖ 2200円(八戸酒造株式会社☎0178-33-1171)

関東

東京から日帰りできる距離の地域にも、
旅の出会いは待っています。
休日の朝、思い立ったら電車に飛び乗り、
ぶらぶらしてみるだけで楽しいもの。
都内のおすすめの名店も訪れてみて。

04

「大森の北インド」！伝説のシェフが作る絶品スパイスメニュー

―東京都―大田区―

インド宮廷料理マシャール

東京都大田区大森北1-10-14LUZ大森3階

○三-六四五○-○一七七

仕事仲間のカメラマンさんから「大森にすごいインド料理店ができたんですよ」と聞いたのは昨年のこと。なんと、最近流行の南インドではなく、北インドの宮廷料理だそう。おお、それならますます行ってみたい！

ここ数年、インドにハマって北や南へ食べ歩きに行っていましたが、私が好きなのは断然、北の料理。王様に仕えていた料理人たちが生み出す、技巧を凝らした奥深い味に興味がわいていたのです。

聞けばシェフのフセインさんは、数々の有名ホテルやレストランで腕を振るった伝説の料理人。日本でプロ向け料理教室をおこなった際には、今をときめく日本中の人気カレー店のシェフが教えを請いに参加したのだとか。

ちなみに、私が一番気になった経歴は、デリーにある名店「カリームホテル」のシェフだったということ。インドに行ったら必ず立ち寄る大好きなレストランなので、「あのお店のシェフ！」とミーハー心がさく裂したのでした。

実際にいただいてみると、まさに「これぞ現地の北インド料理！」と震える重厚な味と技術。うわー、すごい。ここはデリーか？　カレーはもちろん、シェフお得意のタンドール料理、自慢のビリヤニも他店とはひと味もふた味も違う味わい。スパイスを加えたレモンサワー「ジャルジーラーサワー」ともよく合います。

「レシピは伝統的なものからオリジナルまで何百種類もありますよ。新しいメニューを考えるのは楽しいですね」とシェフ。ああ、もっと食べてみたい！

一度食べたら、その立体的かつ奥深い味の世界のとりこになるはず。さあ、ぜひ「大森のインド」へ出かけてみて。

伝説シェフ ジャルジーラー カレー と サワー

at. 東京都大田区

北インドならではの
濃厚な味わい！

カレーはもちろん、シェフお得意のタンドール（窯）料理や、小麦粉を使ったメニューも見逃せない！　さらに必ず食べてほしいのはビリヤニ。一口ごとに、複雑なスパイス使いを堪能できますよ。

05

「味坊」グループのいいとこどりな中華ファミレス

一東京都一千代田区一

香福味坊

東京都千代田区
神田佐久間町 1-21 B1

☎ 〇三-三五二七-一六五八

最近話題な「ガチ中華」の元祖と言えば、神田「味坊」。中国人のオーナー梁《りょう》宝璋《ほうしょう》さんが２０００年に開いたお店で、「日本風にアレンジしない現地の味」を提供し続け、人気のお店となりました。一方で、ナチュラルワインを中国料理に合わせる店としても話題となり、今や都内に店舗は10軒あまり。その最新店舗となるのが秋葉原「香福味坊」です。

　まずうれしいのは、広い店内。席はなんと１００席もあるそうで、円卓やボックス席もあり、大人数、お子様連れもＯＫ。営業時間も長く、朝は中国式の朝食（肉まんや中国粥が絶品！）、昼はリーズナブルで親しみやすい定食、夜はビールやワインと共におつまみを……。１日中、いつ行っても楽しくおいしい！

　羊肉ラバーなら目移りするほど羊料理が充実しているけれど（水餃子も麻婆豆腐も羊肉だよ！）、プリプリの海老がたっぷりの海鮮春巻きや自家製の発酵白菜と豚肉の炒めものも良いアテになるのです。はあ、もう1本ワインを開けちゃおうかな～。

　「味坊」グループで使われている野菜は、自社の畑で無農薬で育てたものがほとんど。「俺は、もう農家だよ」とオーナーの梁さんは笑います。「化学調味料無添加はあたりまえ。点心もデザートも、すべて中国人の職人さんが手作りしてるよ。もともと、うちのお母さんが作ってくれた、家庭の味を紹介したくて始めたお店だからね。子どもに、ちゃんとしたものを食べさせたいのは、どこの国でも同じ」

　ひと口食べれば言葉の意味がわかるほど、どれも真っ当な味。激辛なメニューでも、やさしい気持ちになっちゃうんだよなあ。▼

ガチ中華でナチュラルワイン

at.東京都千代田区

なんとメニューの文章はハナコが担当しています。ぜひ読んで〜。

現地そのままの味がうれしい。前菜の盛り合わせだけでワインが１本空きます。シメの具なし焼きそばもつまみになる麺類。

06

飛行機で行く東京都。昔から島に伝わる伝統の食と酒を堪能！

—東京都—八丈島—

梁山泊
東京都八丈島八丈町三根1672
☎ ○四九九六-二-○六三一

東京都に属する離島をいくつかたずねる中で訪れた八丈島。ザ・亜熱帯なジャングルのような大自然スポットもめぐりましたが、やはり私の印象に残ったのは島ならではの食と酒！

まずは、憧れていた「島寿司」をパクリ。昔から各島で食べられている郷土料理だそうですが、八丈島でいただいたものはコロンとしたフォルムでなんだかかわいい！　旬の刺し身をヅケにしてあるので、しょうゆをつけずにいただけます。どの刺し身も鮮度抜群でおいしかったけれど、一番気に入ったのは「岩のり」の島寿司。シャキシャキした食感と磯の香りがたまらないのです。島焼酎にも、バッチリ合いますよ。

地図を眺めていて見つけた老舗パン屋さんも、一日中見学していたいほど楽しかった場所。ご親戚同士ならではのチームワークで次々と作り出される数10種のパンが、昔ながらのレトロなパッケージに包まれていく様子といったら！　その場で食べさせていただいた自慢の焼きたてメロンパンは、素朴な味わいでなんだかじんわり。ご主人曰く、「この島の子どもたちは、うちのパンを食べて育つんだよ」。こんなソウルフード、なんだかうらやましいな。

八丈島には4つも島焼酎の酒蔵があるのも特徴。もちろんすべての蔵の酒を持ち帰り、自宅で呑み比べる晩酌を楽しみました。空港で買った名物「くさや」をアテにチビチビやれば、あの蒸し暑い空気がよみがえる〜。

近いような遠いような、なんとも不思議な東京の島々。なかでも八丈島は、またゆっくり訪れてみたい場所となったのでした。▼

島に来たなら食べたい「島寿司」！　添えられた島名産の明日葉の苦みもアクセントに。

亜熱帯では島焼酎を水割りで！

島酒と島グルメ

at. 東京都八丈島

空港の到着ロビーを出てすぐの売店には、東京の島々で作られているお酒が勢ぞろい！　着いて早々に「呑むぞ〜！」というやる気がでちゃうディスプレイです。焼酎のほか、ラム酒なども。

これぞ亜熱帯なジャングルも！　大きな滝の下をくぐれます。すべりづらい靴で行くべし。

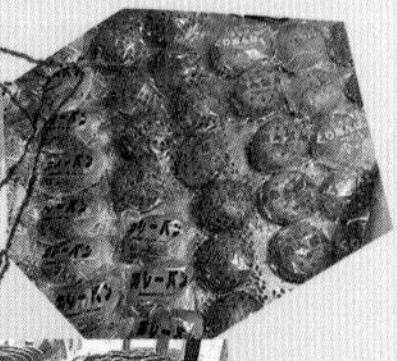

レトロなパッケージがたまらんパン屋さん。「揚げないカレーパン」も、おいしかったな〜。

くさや

くさやのお店は減りつつあるけれど、食文化は健在です。

07

東京から約1時間！港町の新鮮魚介と野菜

―神奈川県―大磯町&平塚市―

磯っぺ

神奈川県平塚市唐ヶ原54-2

〇四六三-七四-五五一九

東京駅から湘南新宿ラインに乗り、1時間ほどで到着する神奈川県大磯町。都心から近いのに、駅から少し歩けばそこはもう海辺の町！　のんびりとした港の風景になごみます。

　このエリアには以前からちょくちょく遊びに来ていましたが、あるとき家族旅行で熱海を訪れた帰りに寄り道したのが大磯。しかも、偶然この日は月に1度(毎月第3日曜日)開催されるオープンエアイベント「大磯市」の開催日！　大磯港前の会場には、地元のおいしいものやクラフトが大集合していて、思わず買い食いやら買い物やら……。満喫した後、地元の友人に教えてもらったランチにオススメの店が「磯っぺ」でした。

「大磯市」会場から車で5分。ファミレスのような外観ですが、「魚もつまみもおいしいよ」とのことで入店〜。そして、いざメニューを見ると確かに地魚三昧！　魚の種類は日替わりというのが、なんとも港町っぽいなあ。

　お酒は、全国の銘酒がずらり。しかも私の好きな栃木のお酒「仙禽」などもそろっております。ぎゃー、これは刺し身一択でしょう……。このエリアといえばのアジはマストなので、「アジフライ」も追加してしまった！

　おどろいたのは、魚介以外のおつまみも充実していること。いろいろな種類のじゃがいもを使ったじゃがバターや、地元・鎌倉野菜の天ぷらやピクルスなど、どれも本当におつまみがうまい！

　魚も野菜も空気もおいしくて、東京からのアクセスも良好。環境にほれこんだ移住者が多いというのも納得です。「大磯市」の日程に合わせて、ぜひふらりと出かけてみて！

全国銘酒と地魚

at. 神奈川県大磯町＆平塚市

東京からすぐなのに、アジやしらすなど豊富な魚介が揚がる大磯港。うらやましい〜。

煮魚はふんわりしっとり！　魚介類はもちろん、地元の野菜をたっぷり使ったシャキシャキのサラダなども人気。

地酒以外も豊富にそろうのは、お客さんに地元民が多い証拠。

日替わりの刺し身は、「全部！」と言いたくなるほどの種類。

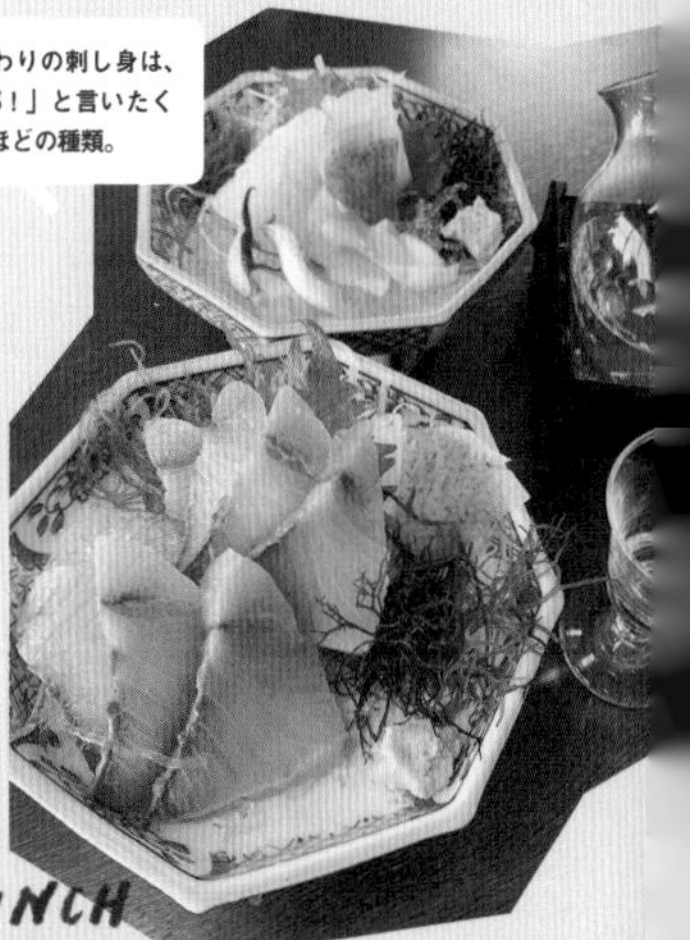

オンシーズンなら生しらすほか釜揚げしらす、かき揚げはマストで。「船上で食べているよう」といわれる鮮度を堪能！

08

11カ国の人が住む「いちょう団地」のベトナムごはん

｜神奈川県｜横浜市&大和市｜

タン・ハー
神奈川県横浜市泉区上飯田町３０５０
☎〇四五－八〇三－二五九七

金福
神奈川県横浜市泉区上飯田町３１７３
☎〇四五－八〇二－九八三五

ベトナム料理　サイゴン
神奈川県横浜市泉区上飯田町３１７３
☎〇四五－八〇五－六〇八一

「インターネットでも買えないベトナム現地の食材が、いちょう団地に行くとあるんだよ」。そう聞いたのは、都内のベトナム料理店でのこと。最寄りは新宿から1時間ほどの高座渋谷駅だそうで、そりゃすぐに行くでしょう！

　団地を抜けて現れるのが、1軒目「タンハー」。店内は、完全にベトナム人の皆様ですが「イラッシャーイ、ドウゾ！」と迎えてくれます。老若男女がおしゃべりをしていて、いい雰囲気。お店の壁すべてにベトナムの食材や商品が並びます。「３３３《バーバーバー》」ビールを飲みながら頼んだのは、麺料理「ブンマム」。海老みそ入りの米麺で強烈な発酵臭！　でも添えてあるミントやどくだみ、レモンを搾ると「わー、ベトナムの味だ〜」。ほかにも鶏皮のベトナム風から揚げ「ヤーガー」、牛肉団子の葉っぱ巻き「ボーラーロット」など食べ続ける我々。もっと頼みたいけれど、次のお店「金福」へ！

　こちらはバインミーのお店。んが、お姉さんいわく「キョウハ、ウリキレ」。ガーン！　あきらめきれず、「焼豚だけ見せて」とお願いしてみました……。手作りの焼豚、おいしそうすぎ。

　3軒目は並びにあるレストラン「サイゴン」へ。まずは、ベトナム風蒸し春巻き「バインクオン」。中にはヌオックマム風味できくらげ入りのそぼろがたっぷり。たこ焼き器でつくる前菜「バインコット」、甘辛いスペアリブがのったごはんなど、ワシワシ食べてもう満腹！

　徒歩10分ほどで駅に着けば、そこはいつもの小田急線のホーム。でも服や髪には、ほんのりアジアの香り……。まるで、ちょっと海外へ旅してきたような気分を味わえた一日なのでした。

吊り下げられていたのは名物の焼豚。バインミーにも使われる。

バインミー屋さんのガラスケース。日本語は円表示以外なく、ベトナム語のメニュー案内だけなのが潔い！

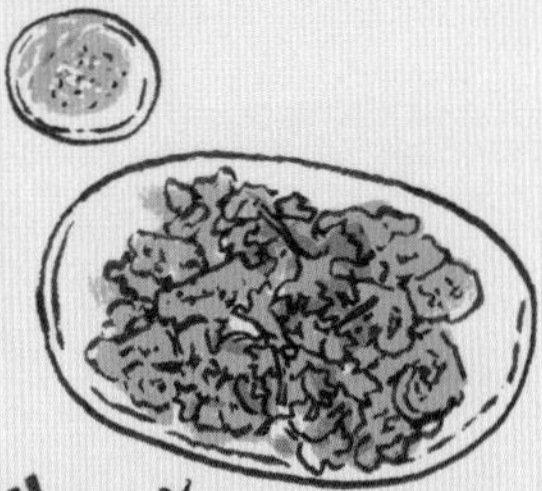

ヤーガーと333《バーバーバー》

at. 神奈川県
横浜市
＆大和市

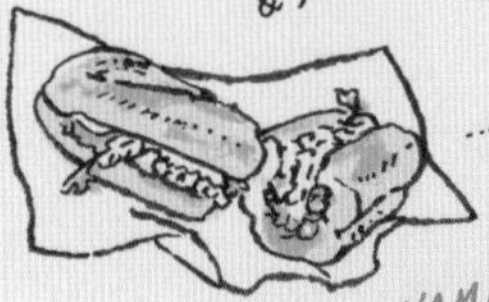

溢れ出るアジア感

店内にはベトナム食材がズラリ。思わず手に取りたくなります。青パパイヤや青バナナなども売ってるよ〜。

ベトナムもお米をよく食べる国。現地の米を量り売りで販売しています。ベトナム風のぶっかけ飯つくりたいな。

麺類には、現地と様同ハーブがたっぷりと。これぞベトナムの味！　サラダなどのサイドメニューも充実。

09

醤油蔵見学後は つるつるうどんと 絶品クラフトビール

一埼玉県一比企郡&川越市一

金笛しょうゆパーク
🏠 埼玉県比企郡川島町上伊草660
☎ 〇四九-二九七-〇九一七

コエドブルワリー・ザ・レストラン
🏠 埼玉県川越市脇田本町8-1
☎ 〇四九-二六五-七八五七

川越といえば「昭和な街並みが残るさつまいもスイーツの町」。そんなイメージだったので、甘いものをあまり食べない私はご縁がなかった。でも、1789年から続く醤油蔵の見学ができると知って訪れることに。酒蔵はたくさん行っているけれど、醤油は初だわ！

川越の小学校の給食に使われることもあるほど、地域で愛される「金笛しょうゆ」。見学を申し込むと、12代目当主の笛木吉五郎社長みずから歴史ある蔵の中を解説付きで案内してくれました。

まず渡されたのは「金笛しょうゆ楽校」というオリジナル解説冊子。「せっかくお越しいただいたので、楽しく醤油を学んでいただきたくて」と笛木さん。これを片手に、醤油を仕込む大きな木桶や原料倉庫、もろみ搾り、仕込み蔵まで順に見学します。

木桶をつくれる職人が減っていること、醤油づくりも酒づくりと同じように最適な時期があること、日本酒でいう杜氏のような職人がいること、自然な気候に任せて熟成させていること……。身近な調味料のはずなのに、知らないことばかり。「醤油は基本的に要冷蔵です」も衝撃だった。皆さん、今すぐ醤油を冷蔵庫へ！

学んだあとは、川越が誇るブルワリー「コエドブルワリー」のレストランへ。できたての各種生ビールをいただけます。店内にある醸造タンクを眺めながら飲むビールは格別！　中華メニューをつまみながら、4杯飲み比べてしまったわ。

呑ん兵衛にも楽しい川越の町。のんびりした昭和な街並みを、テイクアウトのビール片手にぶらぶら散歩するのもおすすめですよ。▼

特製冊子には、醤油のことがよくわかる情報満載！

蔵出し醤油の食べ比べうどんと

at.埼玉県比企郡&川越市

醤油蔵ならではの「蔵出し醤油の食べ比べうどん」。味の違いがはっきりわかる！醤油麹に漬けた鶏の天ぷらも◎。

コエドビール Ruri

テイクアウトもできるよ

まずは「瑠璃」からスタート！

併設の醸造所を窓越しで見られる店内で、サーバーから注がれたビールが到着！　全種類呑みたくて困る……。中華を中心としたおつまみも充実しています。

10

―茨城県―つくば市―

秋葉原から45分。ナチュラルワインとイタリアンの町へ

Gigi Osteria
茨城県つくば市東新井17-3 2階
〇二九-八六〇-六〇〇七

NASAや筑波大学、各種研究所など学園都市のイメージが強いつくば市。ところがここ数年、ナチュラルワイン好きの食いしん坊たちが、こぞって通うエリアとなっているのです。かくいう私もそのひとり！

　イタリアのナチュラルワインインポーター「ヴィナイオータ」本社をはじめ、こだわりのブーランジェリーやナチュラルチーズ専門店など、ひと癖もふた癖もあるお店がずらり。道の駅には、地元で育てられた野菜やフルーツが並び、秋葉原からつくばエクスプレスで45分とは思えないローカルな食の充実度！

　そんなつくばで、夕食を食べに出かけたいのが「ジジ オステリア」です。

　トスカーナ地方の料理を中心としたイタリアンレストランで、シェフの西田有宏さんがつくる料理は一見めちゃシンプル。お皿にドーンと素材が盛られるさまは、ド迫力です。でも一口食べれば、「なにこれ、うまーい！」と目を見開いてしまう骨太かつ繊細な味わい。すばらしいナチュラルワインもそろっているので、おすすめのボトルを開けましょう！

　どのメニューも絶品ですが、トスカーナ地方といえばの肉料理が折り紙付き。ジビエがあればラッキーです。そうそう、親しみを込めて「豆食い人」と呼ばれるほど豆好きなトスカーナ人の定番である白いんげん豆の料理もオーダー必須。私も豆好きなので必ず頼む！

　肉や野菜、チーズなど地元生産者の食材がオンメニューすることがあるのもこの地域ならではの魅力。できることなら昼からつくばのうまいもんをめぐって、一日の終わりをここでワイン片手にシメてほしいなあ。▼

「鈴木牧場」やパン店「パネッツア」のかわいらしい看板！

トスカーナ料理とナチュラルワイン

at. 茨城県 つくば市

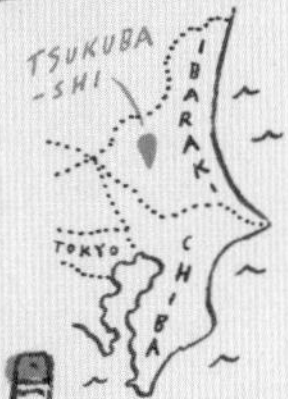

香ばしいバターで焼いた牛レバー！

大人数で訪れて、イタリアの食卓のようにワイワイ盛り上がりたい。季節の食材を取り入れたフリッタータ（オムレツ）や、ほぐした豚肉をツナに見立ててのせた豆料理、シンプルで多彩なパスタ、同県にある「鈴木牧場」のブッラータなどなど……。ワイン片手に食べつくして。

11

落ち着く座敷席でのセルフ注文式宴会

―栃木県―宇都宮市―

庄助

栃木県宇都宮市
塙田2-2-3

☎〇二八-六二二-三五〇六

「宇都宮へ行くなら、あの酒場へ行かないと」と知り合いから言われていたのが創業70年以上の老舗「庄助」。さっそく数人で訪れてみれば、入り口には大きな赤ちょうちんに、シブい紺色のれん！　おお、期待が高まる〜。

お店に入ると元気なお母さんが迎えてくれて、一番奥のお座敷へ通されます。おつまみメニューは黒板にチョーク書き。「テーブルの紙に注文を書いてね」だそうで、セルフ注文式なのね。

読みやすい字で書かれたメニューは、どれも気になるものばかり……もう皆心のままに頼むでしょう！　ちなみにドリンクメニューはカウンター席の方だけにあり、「写メすると見やすいよ」だそうなので素直に撮りに行きます。

ハムカツ、ポテサラ、花ニラ、水ナス漬……。どれも熟練の塩梅のおつまみで、あっという間にテーブルはいっぱいに。やたらと落ち着く掘りごたつ席は、おばあちゃんの家に帰ってきたかのよう。

名物と聞いていた「ゆずみそ」を頼むと、真っ黒の薄切りがやってきて全員「？？」。聞けば、柚子をくりぬいてみそを詰め、じっくり干したものだそう。おお、「ゆべし」ですね。一口かじれば、凝縮されたみそのうまみとさわやかな柚子の香りが口の中に広がります。これはもう日本酒！　福島県会津若松市の酒「末廣」をお燗でいただきましょう。もうひとつの名物だそうな「きのこ鍋」も、旬の時期にまた食べにきたい……。

何組ものお客さんが入り口で「ごめんね、いっぱいなのよ〜」と断られていた人気店。宇都宮といえば餃子が有名だけれども、こんな素敵な酒場があれば、こちらに来たくなるのも納得！

末廣とゆずみそ

at. 栃木県宇都宮市

初めて見るとギョッとする真っ黒な「ゆずみそ」。チビチビかじって日本酒をひと口どうぞ。

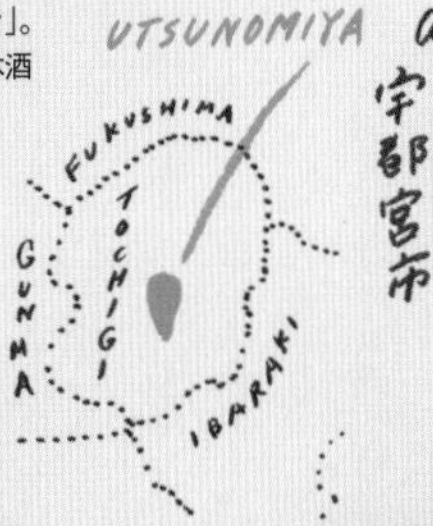

宇都宮と言えばの餃子も頼んで、もう1杯おかわり~。

名物の「きのこ鍋」も気になる!

good ANBAI♡

なすの煮つけには「乳茸」といわれる貴重なきのこが！　豊かな香りにうっとり~。ポテトサラダには「お好みでソースを」と言われ、かけてみると一気につまみ味に。

近場だからこそハッとする食文化を探訪

新幹線や飛行機に乗って何泊も遠出するだけが旅ではありません。自宅から日帰りで出かけるのも立派な旅！

例えば、もしあなたが東京近辺にお住まいなら、ぜひ1都6県（東京、茨城、栃木、群馬、埼玉、千葉、神奈川）へ日帰りで出かけるべし。もちろん、この旅のスタイルは全国共通。普段は近すぎて旅先の選択肢に入らないけれど、ご自分が住む地域から日帰りで行ける楽しい場所があるはずです。

関東地方の日帰り旅で驚くのは、東京から少し足を延ばしただけでガラリと風景が変わること。例えば都心から1時間以内の移動でも、山や川があって、田んぼが広がり……。ちょっと電車に乗っただけなのにと不思議な気持ちになります。

飲み食いも同様。大磯へ行けば、安くて新鮮な魚介類にワクワクし、神奈川のベトナム語しか聞こえない団地レストランにカルチャーショック。東京の離島・八丈島を旅したときには、コロンとした島寿司のかわいらしさと、和からしで食べるおいしさに感激しきりでした。そう、東京にはなんでもあるけれど、現地で経験する食文化は売っていません。

それと、もし交通経路に特急列車があれば、ぜひ乗車をおすすめします。都心と少し離れた場所をつなぐからこそ、通勤通学に使われることも多い特急列車。長距離で特急料金がかかる分、リクライニングシートなどが旅情をかきたててくれるのです。

私は駅で買ったハイボールのロング缶を持ち込み、変わりゆく車窓を眺めるのがお決まりの乗車スタイル。2本呑み終わるころには到着です。

関東旅の注意点

● 見逃せない旬の食べ物

海沿いでは、〈春〉シラス・サザエ、〈夏〉アナゴ・アサリ、〈秋〉イセエビ、〈冬〉マグロ・タコ。茨城県土浦はじつはうなぎの名産地で6月~9月が旬です。12月には下仁田や深谷のネギが食べごろ。収穫量日本一の栃木のイチゴは冬～5月を狙って。

● 交通手段

都心と近隣の関東圏の移動なら、車よりも電車を利用した方が所要時間が短い場合も。主要駅から近隣県への高速バスや特急列車や在来線の乗り入れも多いので、公共交通機関を使いこなした者が関東の旅を制すといっても過言ではありません。

● 主なイベント開催時期

【東京】三社祭 5月中旬【神奈川】湘南ひらつか七夕まつり 7月上旬【埼玉】秩父夜祭 12月上旬【千葉】鴨川納涼花火大会 7月下旬【茨城】水戸の梅まつり 2月～3月【栃木】益子陶器市 GWと文化の日前後【群馬】館林こいのぼりの里まつり 3月～5月

● 服装

冬場はコートやマフラーなどが必要ですが、公共交通機関や商業施設の中にいることが多い場合は暖房が効いているので、厚着しすぎないよう注意。夏の気温はかなり高くなり、夜もなかなか気温が下がらないので、熱中症など暑さ対策を忘れずに。

銘酒案内

関東編

あまりお酒造りのイメージが強くない関東地方ですが、じつは知る人ぞ知る酒蔵や造り手のアイディアが効いたクラフトビールのブルワリーなどがたくさんあるんです。通気分を味わうならぜひ呑んでほしい、関東銘酒3選です。

純米吟醸
残草蓬莱
ざるそうほうらい
IPA

永井酒造の水芭蕉　純米吟醸

最高級の山田錦を原料に使用。バナナや洋なしを思わせる吟醸香に、やさしい甘みとふくよかなうまみが楽しめる逸品。日本酒ですが、魚介類だけでなくバーニャカウダや豚しゃぶなどの料理にも合います。720㎖ 1580円(永井酒造　https://www.nagai-sake.co.jp/contact/)

大矢孝酒造の残草蓬莱

開封すると、まるでりんごのような爽やかな香りが広がります。甘みとコク・酸味のバランスがよく、雑味がないので鰊の甘露煮のようなこっくりした甘みのある料理と一緒に飲みたい。冷酒でもお燗でも◎。720㎖ 1650円(大矢孝酒造　https://oyatakashi-shuzo.com/contact/)

ホップギアブルーイングのIPA

〝クラフト〞をテーマに、ビールの製造から発送まですべてご夫婦２人でやっているというから驚き。ＩＰＡらしいホップの爽やかな香りと苦みはしっかりありながら、飲み飽きない味のバランスが絶妙です。330㎖ 770円(ホップギアブルーイング　info@hopgear.beer)

中部

日本列島の中央部に位置する中部地方。
内陸には日本アルプスの山々がそびえ、
日本海と太平洋に接する各県が集まります。
沿岸では海の幸、内陸では山の幸に舌づつみ、
訪れる前には綿密な胃袋スケジュールが必須！

12

―長野県―安曇野市&松本市―

卵6個でランチの後はクラフトビールを堪能！

たまごの駅

長野県安曇野市穂高柏原4568-1

〇一二〇-五五三-二三三

HOP FROG CAFE

長野県松本市中央3-8-28 清水ビル1階

〇九〇-六〇二二-五七六〇

　一番好きな食べ物を聞かれれば、「卵」と即答できます。肉よりも魚よりも、甘いものよりも卵が大好き。だから、長野県安曇野市に「たまごの駅」というお店があると聞いた途端、車を飛ばしてしまいました。

　地元の養鶏組合が経営するお店だそうで、店内にはいろいろな種類の卵が山積み！　さらにイートインスペースでは「たまごかけごはん定食」や「目玉焼き定食」などのメニューがあり、3種のブランド卵が食べ放題ですって。さらにとどめをさしたのは、セルフサービスで目玉焼きを焼けるホットプレートコーナーがあること。きゃー、なにこれ……、私にとってはディズニーランドよりワンダーランドなんですけど！

　ここで昼から卵を6個(！)ほどたいらげ、白メシやみそ汁も満喫。ああ、そろそろお酒が呑みたいわ〜ということで向かったのが、「HOP FROG CAFÉ」。松本へ行くと言ったら、お酒好きの知人が「全国のおいしいクラフトビールが呑めるからぜひ！」と激推ししてくれたお店です。

　地元・長野の「志賀高原ビール」はもちろん、全国のクラフトビールの中でもマニアックなブルワリーのタップがズラリ！　千葉の「ソングバードビール」だなんて、東京のお店でもなかなか呑めないよー。うわわ、これは端から呑まなくては……。

　どれも個性あふれる味わいで、オーナーさんに説明を聞くのも楽しい。じっくり味わいながらも、「昼のセルフ目玉焼きをつまみに呑んだら最高だろうな」なんて(7個目！)ついつい妄想してしまうのでした。▼

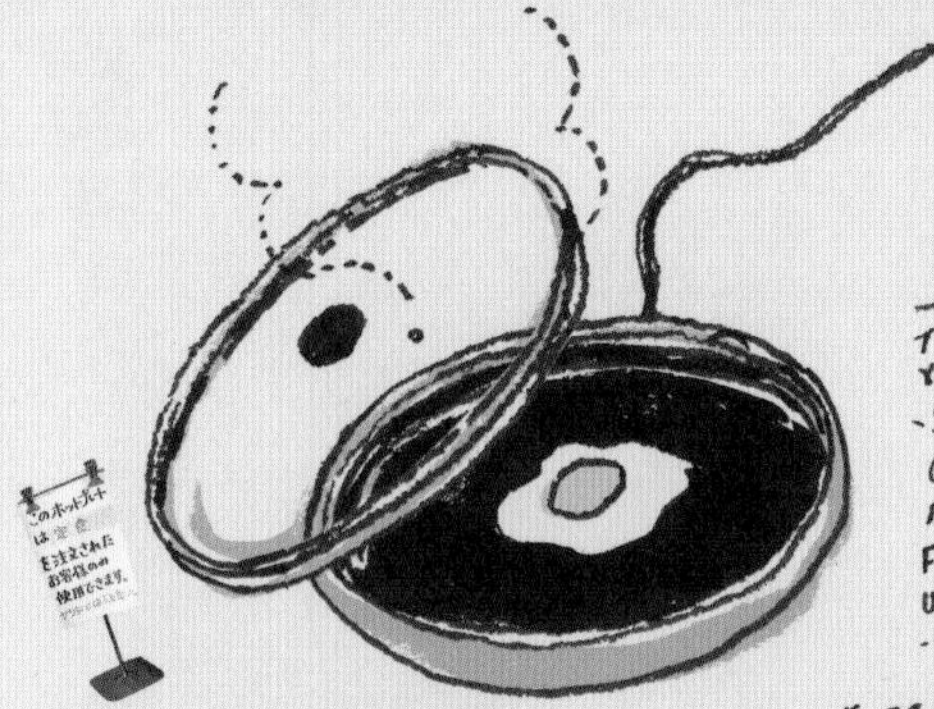

at. 長野県
安曇野市・松本市

CRAFT BEER & たまご

HOP FROG CAFÉ

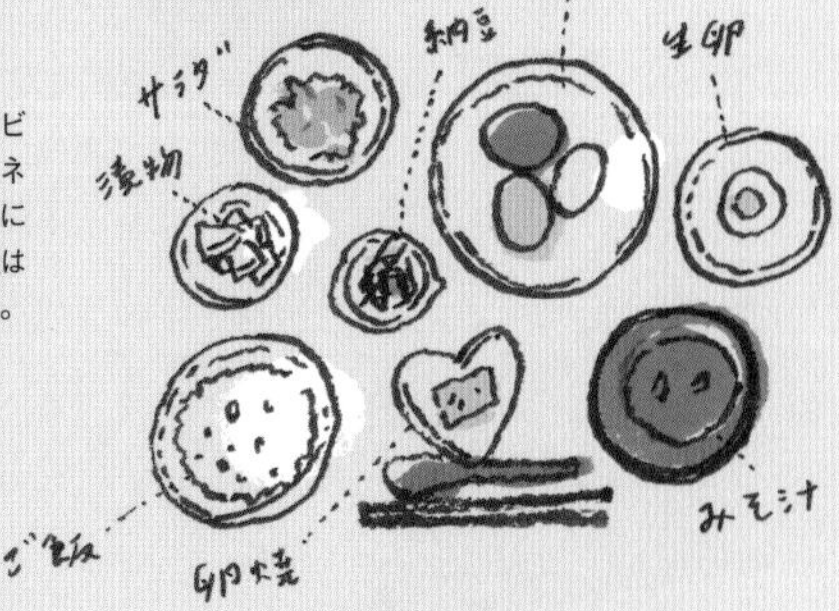

この日のタップで気になったのは志賀高原ビールの「1t IPA Habanero」。IPA にハバネロを加えているそうで、呑んでみると意外にも心地よい辛み！　時期により呑める種類は変わるので、そのときの出会いを楽しんで。

安曇野市内の養鶏所の卵 3 種が山盛り！　もちろん全種類いただきまーす。食べくらべてみると、色、味はもちろん黄身の大きさや弾力も全然違う！

13

毎日食べても飽きない⁉ 揚げたて熱々を食べ比べ

ー新潟県ー長岡市ー

揚げ正

新潟県長岡市栃尾泉2378
☎ 〇二五八-五三-二五二二

何を隠そう(?)肉より魚より油揚げが好きです。なかでも、愛しているのが新潟県長岡市の栃尾地区で作られる「栃尾揚げ」。普通の油揚げより大きくて分厚く、外はカリカリ中はスカスカ……油揚げとも厚揚げとも違う独特な食べものだと思う。

　東京でも買えるようになったけれど、憧れていた現地での食べ歩きへ。これがもう最高だった！　10軒以上ある専門店の中から数軒を厳選して回ると、豆腐屋のように小売りのみのお店から、イートインできるところまでさまざま。揚がった油揚げを一枚一枚串に刺して油切りする(だから、栃尾揚げには穴が開いているのです)様子を見学できるエンターテインメントなお店もあるので、最低でも3軒は回りたいところ。

　そして、食べ比べると、それぞれ食感も味も全然違う！　私が好きだったお店は、「揚げ正」。昔ながらののれんがかかる老舗店で、注文するとねぎがのった栃尾揚げが奥から出てきます。そこに、しょうゆをかけて七味をパラリ。店内にはお酒を置いていないので、冷たい缶ビールを買って車の中などですぐに熱々をいただくべし。

　きゃ〜〜〜、うま〜い！　厚みといい、中のスカスカ具合といいストライクど真ん中。そして、やっぱり栃尾揚げにはビール！もちろん自宅用にもたくさん買って帰りました。

　ちなみにこの日は「もう当分、栃尾揚げはいいや」と満足しきっていたのに、翌日は納豆とチーズをはさんだ栃尾揚げで晩酌を。はー、やっぱりおつまみは毎日栃尾揚げでもいいや。栃尾の人がうらやましいな。▼

新潟の栃尾揚げ

食べ歩きとビール at. 新潟県長岡市

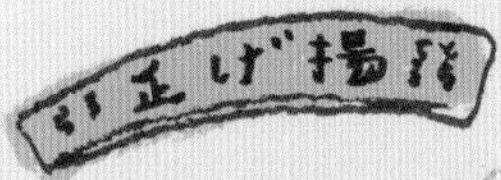

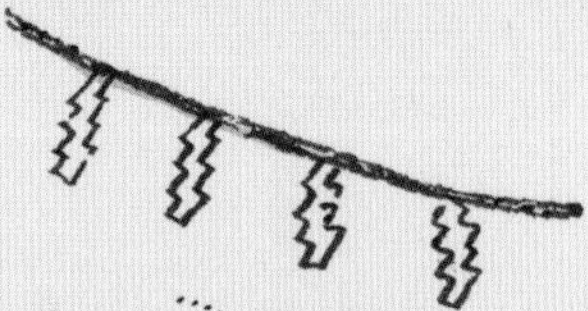

キンキンに冷えたビールがよく合う〜

カリカリ サクサク

栃尾揚げの大きさは、一般的な油揚げの約3倍！　ひとりで1枚食べると、お腹いっぱいになります。揚げたてはカリカリサクサクじゅわ〜っとジューシー。現地に来なければ味わえません！

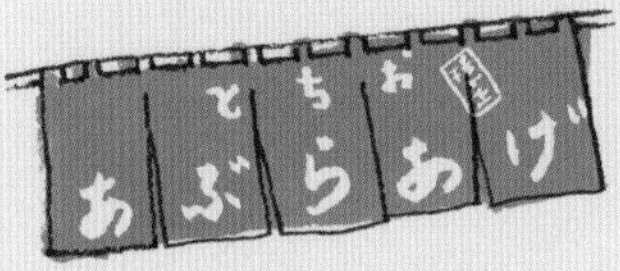

NEXT…

ワクワク

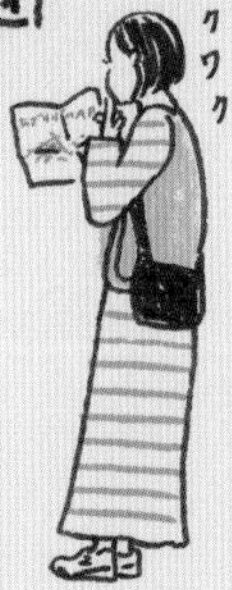

アツアツ

BIG…!

店によって、栃尾揚げにのせてくれる薬味もさまざま。万能ねぎや長ねぎだけのところもあれば、おろししょうが、かつおぶし、オプションで明太子や梅肉、大根おろしなどをのせるお店も！

お持ち帰りOK！　大量に買う人はもちろん、片手で食べながら歩く人も!?

TO GO

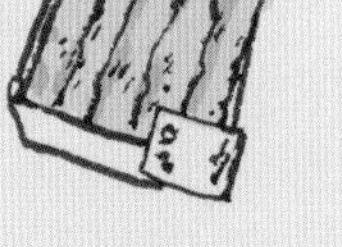

個包装のものもあるので、帰宅後の食べ比べも楽しい！

14

現地に行かなければ呑めないお酒と地元のおつまみ

―新潟県―新潟市―

さい三郎
新潟県新潟市中央区古町通11番町1690
☎〇二五-二二二四-八九六七

日本酒には、「ほぼ地元だけで消費される酒」が一定数あります。単純に生産量が少なかったり、地元のお客さんに優先して飲んでもらいたいという想いだったり……。県外不出というとオーバーだけれども、その土地に行かねば呑みづらいお酒。

日本有数の米どころであり、酒どころでもある新潟県では、「鶴の友」が「県内消費酒」の代表選手。それを飲んでみたくて訪れたのが新潟市内の居酒屋「さい三郎」でした。店内にズラリと並ぶお酒はすべて新潟の地酒。なんとも言えず味わい深い手書き文字のメニューは、どれも日本酒にぴったりなのが一目でわかるラインナップ！

目移りしていると「今日は村上のいい岩牡蠣が入ってるよ」とご主人。村上市といえば岩牡蠣の一大名産地！ならばとお願いして、「鶴の友」と共にやってきたのは本当に超肉厚の巨大な岩牡蠣でした。ひと口では、とても食べられないサイズ！

意を決してかぶりつくと、口の中に広がるのはまったり濃厚なミルク味。うっとりするのもつかの間、ぐいっと「鶴の友」を流し込みます。うーん。純米ならではの米のうまみに少し酸が効いて、なんとも岩牡蠣にビシッと合う！思わず、ご主人に「岩牡蠣のためにあるようなお酒ですねえ」と言ってしまいました。

地元の岩牡蠣と地元のお酒。きっと、この地の人たちは、ずっとこの組み合わせを楽しんできたんだろうなあ。はー、現地まで来てよかった。まるで、おいしさのおすそ分けをしてもらえたような気がして、ついおかわりの杯を重ねてしまうのでした。▼

鶴の友と岩牡蠣

at.
新潟県
新潟市

大粒でミルキーな味わいが特徴です。

全国１位の酒蔵数を誇る日本酒王国・新潟。そんな中でも「県外不出」と呼ばれ、地元で愛される酒が「鶴の友」。純米酒は米のうまみが出て口当たりがやわらか。冷やで呑むのも良いけれど、ぬる燗にするとさらにうまい！

村上市の笹川流れは岩牡蠣の名産地。冬山に積もった雪が春に溶けて海に注ぎ込むことで、岩牡蠣の育つ岩場はミネラルたっぷりな環境に！　だから、ふっくら甘く大きく育つのだとか。

あん肝など日本酒がすすむつまみがズラリ！　中でも魚介は豊富で、季節ごとに楽しめる。新鮮な刺し身はもちろん、珍しい干し魚なども見逃せません。

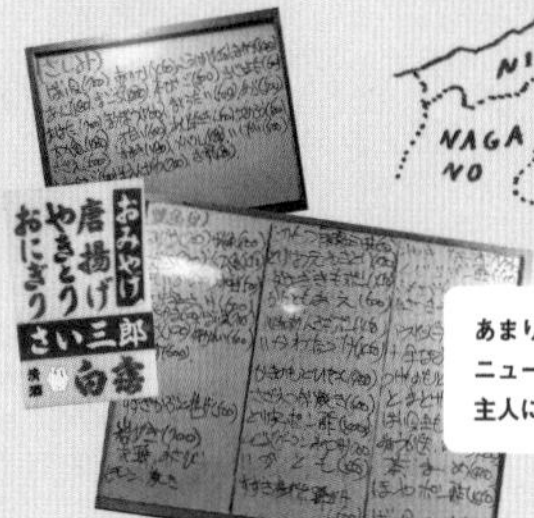

あまり聞かない魚介メニューもちらほら。ご主人に聞いてみて。

15

一年中食べられる！独特なたねのご当地おでん

―石川県―金沢市―

金沢へ行くたび、楽しみにしているのが居酒屋巡り（まあ、どの地域に行ってもそうなのですが）。なかでも欠かせないお目当てのつまみが「金沢おでん」。冬はもちろん、夏だっておでん店に行っちゃいます。そう、金沢は一年中おでんが食べられる！

特徴は、おでんだねの独特さ。だしを吸ったふわふわの車麩や、赤と白のうずまきになっているかまぼこ「赤巻」、ねっとり肝がたまらないバイ貝、そして花形の「カニ面」！　北陸といえばの香箱ガニの内子と外子とみそを混ぜ、甲羅にギュッと詰めたものをおでんだねにするだなんて……。これだけは時価だけれど、やっぱり蟹シーズンに金沢へ行ったら頼まずにいられない。

何軒もある有名おでん専門店に行くもよし、サクッと居酒屋で食べるもよし。だしの味つけや添えるタレも各店で違うので、ハシゴしてみるのも楽しい！　「天狗舞」など北陸の地酒を燗酒にして、じっくりカウンターでいただくのがオススメです。

今回の旅は、呑ん兵衛な女友達と3人でワイワイと。おでんを食べて日本酒を呑んだ後は、「なんだか強めの洋酒が呑みたくなったね」と「現在地」「バー」でネット検索。徒歩3分の場所にあったバーのカウンターでマティーニを呑み、穏やかなマスターや居合わせたお客様と楽しくおしゃべりして帰りました。飛び込みだったけれど、落ち着いた良きお店だった～！

こういう臨機応変な旅もできるようになったのが、大人になって良かったところ。ああ、早くまた気楽に旅ができるようになるといいなあ。▼

天狗舞と金沢のおでん

短い期間だけ出回る香箱蟹（ズワイガニのメス）をおでん種に。エキスが溶けだしただしも飲み干したい！

とろけるようなおいしさの能登牛を食べるなら「肉匠 Jade 金澤」。

石川県民の定番あられ「ビーバー」。カリカリの食感で止まらない！「白えび味」バージョンも。

旅先でふらっと入ったバーがアタリだとうれしいもの。マティーニがおいしかったなあ。

16

大酒呑み女3人が座敷で繰り広げた大将の隠し酒宴会

―富山県―射水市&富山市―

割烹かわぐち
🏠 富山県射水市中央町19-31
☎ 〇七六六-八四-一三三一

鱒の寿し まつ川
🏠 富山県富山市旅籠町2-10 西森ビル1階
☎ 〇七六-四九四-九二〇〇

お店に入ったときから、無言でカウンターにたたずむ大将の眼光はするどかった気がします。ここは、富山県の海鮮中心の割烹料理店。とある仕事でお店を訪れた私は、快活な女将さんに話を聞いていました。

「富山では魚の鮮度がいいことを〈きときと〉って言うっちゃねえ。漁港から出るとすぐに底が深くなって魚がたまるから、富山湾は〈天然の生け簀〉みたいなもん」。確かに、目の前に並ぶ魚介は〈きときと〉そのもの。特に富山名物である白海老は、刺し身ならねっとり、かき揚げならプリプリでため息が出るほど！

お話が終わり、女3人で「このまま夕飯をいただこう」と座敷へ移動。全員が酒好きなので地酒を端から呑みまくり、「うまいうまい」と遠慮なく酒宴を繰り広げることとなりました。そして、ふと顔を上げたところで目が合ったのが、先ほどのコワモテ大将。「姉さんたち、よく呑むなあ。もっと富山のいい酒あるよ。俺の隠し酒」

そこからは、気づけば大将も座敷に座って大宴会。メニューにない白海老料理や、「蟹を出したときに余ったみそを集めておいてつくる蟹みそトースト」、入手困難の地酒「林」の一升瓶も出てきて、弟子が忙しく働くのを横目に「俺はもう引退だからいいんだ」とガンガン呑む大将。わはは、いいのか。まあいいか。さぁ、呑みましょう！

あきれ顔で見ていた女将さんも、帰りは笑顔。「富山はおいしいもんだらけ。またこられ〜」。そだね、大将とも呑みたいし、また来なきゃ。そう言いつつ、全員泥酔で東京行きの新幹線に乗りこんだのでした。▼

水揚げ直後はキラキラと光り輝く富山湾の宝石「白海老」！特に刺し身はねっとり濃厚で、日本酒にもぴったり。4月〜11月と長期間で食べられるのもうれしい。

林と白海老かき揚げ

富山県最古の蔵「林酒造」の「林」シリーズ。若き杜氏さんが醸した酒ながら評判を呼び、あっという間に入手が難しい酒に。富山に行ったら呑みたいと思っていたので、まさかこんなところで出会えるなんて感激！

市内には鱒ずし専門店が数10軒！　人によって贔屓の店があるそうで、鱒のシメ具合や酢飯の加減などにも一家言あり。

17

駿河湾だけで食べられるキラキラ光る海の宝石

—静岡県—静岡市—

くらさわや

静岡県静岡市清水区由比東倉沢69-1

○五四-三七五-二四五四

春になると必ず出かけるのが、静岡県の駿河湾。目的は、漁が解禁されたばかりの桜海老！　このエリアでしか食べられない春の美味を毎年楽しみにしているのです。

東京から車で行くなら2時間半ほど。駿河湾に近づくと、桜海老のオブジェ（斬新……）などが迎えてくれます。それもそのはず、国内で桜海老を水揚げできるのは駿河湾のみ。桜海老漁の許可証を持つ船も合計１２０隻しかなく、じつはとても貴重なものなのだそう。

私が贔屓にしているのは、桜海老専門店「くらさわや」。店の窓からは駿河湾が見える、まさにお膝元のお店です。まずはもちろん、生桜海老&釜揚げ桜海老！キラキラ透き通って美しい〜。食べてみると、あからさまに鮮度抜群。どちらもプチプチ甘くてたまりません。これはもう、硬派な由比の地酒「正雪」をいただくでしょう！

そして、やっぱり食べておきたいのがかき揚げ。これもサクサクの衣の中にみっちり桜海老。なんて贅沢。2枚食べたい……。私は、ここでビールを頼むのが定番です。

おかわりをぐっと我慢したところに登場するのが桜海老の釜めし。ひとり分ずつ炊いてくれるので、ケンカせずに堪能。桜海老からたっぷりだしが出て、米粒一つ一つにしみ渡っています。生桜海老や釜揚げ桜海老をトッピングしたりして三重奏を楽しむのもサイコーですよ。

帰りは直販店によって、生桜海老を買うもよし、干し桜海老を大人買いするもよし……。春の漁は6月中旬までですが、10月中旬の秋漁もねらい目です。その時期だけの美味を楽しんで▼

駿河湾の桜えびとビール

メッカだけあり、町中にオブジェや看板が。ドライブがてら探してみて。

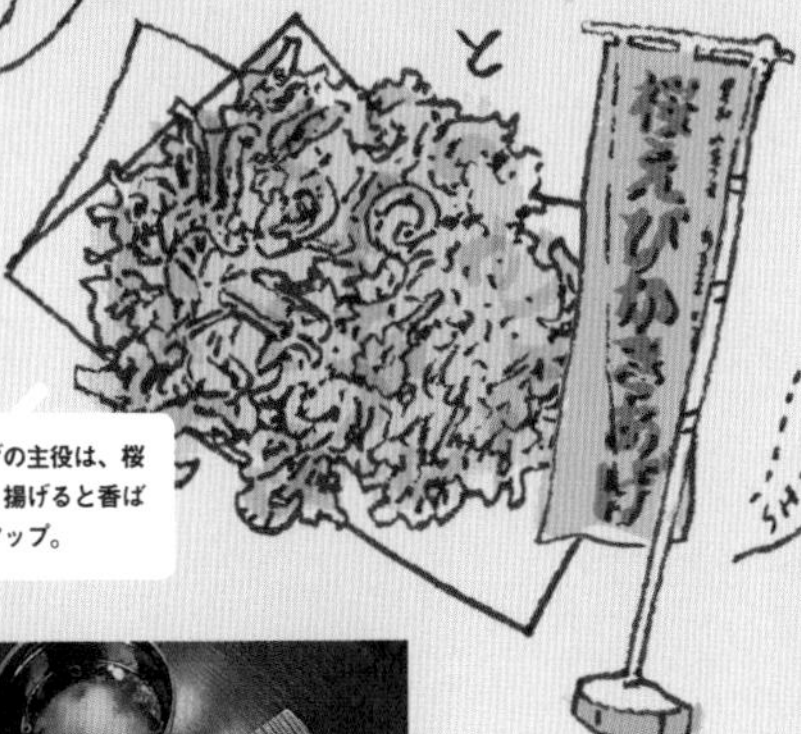

かき揚げの主役は、桜海老！　揚げると香ばしさがアップ。

干し桜海老はお土産にもぴったり。

ここまで来たなら、桜海老を食べつくせるコースメニューを！　生、ゆで、揚げ、釜飯と食感や味わいが変わる様子にひたすらうっとり。

グリーンの背景が映えるラベルが印象的な由比町の地酒「正雪」。何杯呑んでも呑み飽きず、生桜海老やゆで桜海老との相性は抜群！

海の幸も山の幸も楽しめる美食エリア

　お酒好きにとって、中部地方は忙しい地域です。

　まず、日本酒の酒蔵数全国1位の座を守る新潟県。国内有数の米どころ、酒どころであり、消費量も堂々の1位。友人宅を訪ねた際には、おじいちゃん、お父さん、友人の3代でテーブルに着き、「おじいちゃんがハタチのときから呑んでいる地酒」という一升瓶を軽く3本空けたのは忘れられません(さらに呑んだけど記憶なし)。

　岐阜、長野、山梨などの山あいには、秋冬に行くのが好きだった。きのこやジビエ、囲炉裏で焼く「お焼き」に、鉄鍋を囲むアツアツの「ほうとう」……ああ、地酒が進むぞー。そして、なんといっても果物天国！　どこの居酒屋に行っても、食後にぶどうや梨が出てくるってすごくないですか。

　中部の中心地・愛知は名古屋の独特な「赤みそ系の濃い味で呑む(串カツ、ドテ煮……)」酒場文化にハマったし、駿河湾の恵みを堪能できる静岡も春に必ず訪れます。昼は透き通る桜海老を食べて、夜は「おでん横丁」で魚粉をかけたおでんを食べるまでが静岡遠足！

　とはいえ、個人的に思い入れが強いのは富山・福井・石川の北陸3県かなあ。縁あって毎年冬に訪れていますが、やはり魚介がすばらしすぎる〜。

　例えば富山の春はホタルイカ、夏は白海老、秋冬はズワイガニや氷見のぶり……、日本海で揚がる海の幸はキラキラ光る宝石のよう。もし東京でズワイガニを食べるなら、コスパ的にもクオリティ的にもぜひ北陸へ！

　海、山、どちらの恵みも楽しめて、お酒もじゃんじゃん出てくる夢の地域。年間を通して呑み食い尽くしたい〜。

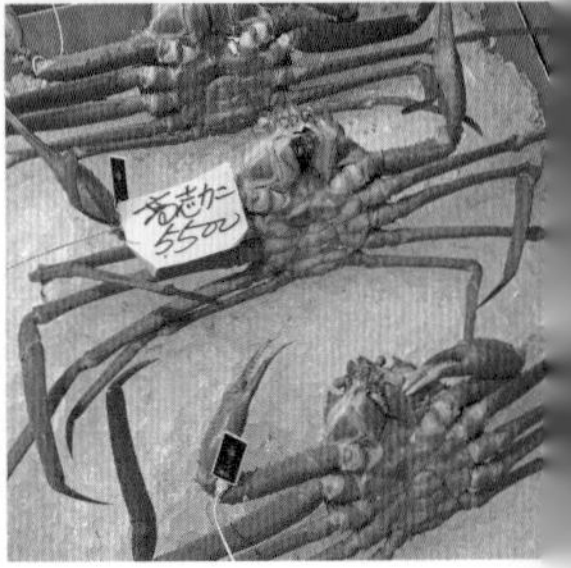

中部旅の注意点

● 見逃せない旬の食べ物

越前ガニをはじめとしたカニは春・夏を除いた時期に楽しめます。また、石川県では12月に鴨肉もおいしい季節となります。東海では10月〜5月まで伊勢エビが旬です。野沢菜は毎年11月に漬けるのでお正月〜3月が食べごろなんだとか。

● 交通手段

各地主要駅までは新幹線などで快適に向かうことができますが、複数の目的地を巡るのであればレンタカーがあると動きやすいでしょう。ただし、冬場に日本海側や山間部へ訪れる場合は、レンタカーは要注意。送迎バスなどを利用するのが安心です。

● 主なイベント開催時期

【愛知】犬山祭 4月第1土曜・日曜【静岡】河津桜まつり 2月【長野】御柱祭 4月上旬・5月中旬(7年に1度)【岐阜】長良川の鵜飼 5月〜10月【新潟】長岡花火 8月2・3日【石川】金沢百万石まつり 6月上旬 など

● 服装

中部地方でも南と北では気候が異なります。南は夏は蒸し暑くなるので風通しのよい服装で。北陸や山間部では、冬場は防寒着がマストです。真夏・真冬以外は朝晩の寒暖差が大きいので、羽織れるものを1枚持っておきましょう。

銘酒案内

中部編

米どころ新潟を筆頭に、日本海側では吟醸酒・純米酒などの生産が盛んで、まさに日本有数の日本酒の名産地！ そしてクラフトビールの醸造所の数もとにかく多い。伝統と新しさが混ざり合う、中部地方のお酒は要チェックです。

契約栽培米
ひとごこち
2021
Hitogokochi
Specially contracted
Rice grown in Nagano
GI
大信州酒造株式会社
SAKAGURA DAISHINSYU INC.
TATSUMI
DISTILLERY
犬 INNAKI 啼
500ml
45%vol.
Gujo Gifu Japan

ワイマーケットブルーイングのルプリンネクター

ビールの楽しさや奥深さを伝えるワイマーケットブルーイング。アルコールは高めなのに、ネクターのようなやわらかな口当たりとジューシーさで呑みやすい！　ビールが苦手な人にもおすすめです。370mℓ 693円(ワイマーケットブルーイング名古屋西☎052-908-0758)

うちゅうブルーイングの宇宙GOLD

モルトやホップの配合量を細かく調整する「左脳的」な製法で実現した、まさに黄金比の味わいです。ビールの苦みはあるけれど、マンゴーやパイナップルのようなフルーティさと甘みにきっと驚くはず。350mℓ 700円(うちゅうブルーイング　c@uchubrewing.com)

辰巳蒸留所のアルケミエ 犬啼

岐阜県郡上市にある犬啼谷の湧き水と四季折々の植物で造り上げる、クラフトジン。季節によって、香りづけする植物が替わるので香りで旬を楽しめる。こちらは、シンプルにジュニパーベリーのみを使用した針葉樹林のような香り。500mℓ 5000円(アルケミエ☎0575-75-1011)

大信州酒造株式会社の大信州 GI NAGANO ひとごこち

屋号のとおり、信州・長野県に蔵を構え、原料は北アルプスの雪解け水と全量契約栽培した長野県生まれの酒米「ひとごこち」と「金紋錦」。こだわりの原料で丁寧に造られるから、丸みを帯びたやわらかいうまみが味わえます。720mℓ 2200円(大信州酒造株式会社☎0263-47-0895)

近畿

神戸、京都、大阪の各市内は大都会。
情報が集まる街で呑み歩くのは刺激的です。
一方で、少し都心を離れてみると、
知らない関西の姿が見えてくるのもおもしろい。
地元の人と交流しながら、西のお酒を楽しんで。

18

―大阪府―大阪市―

朝8時半から開く路地奥の「早朝酒場」

よあけ食堂

大阪府大阪市東成区東小橋3-17-23

☎ 〇六-六九七二-〇九九二

酒場とは、夕方薄暗くなってからお店が開き、深夜になれば閉まるもの。そんなイメージをぶっこわす「朝8時半から開く酒場」があると聞いたのは数年前のことでした。しかも場所は大阪の鶴橋！

　お店の名は、開店時間にふさわしく「よあけ食堂」。路地の入り口には、味のある「めし」「酒」と書かれた看板が立っています。9時前に引き戸を開けると、店内は細長いカウンターのみ。先客(！)らしき皆さまに挨拶をしながら、私も着席。

　期間限定のすだちチューハイを頼み、熟読するのはつまみメニュー。ハモ、豚足、ホルモン、豆の卵とじ……関西らしいメニュー、わくわくするなあ。ホワイトボードには「頑張る時間8時30分～19時　頑張れない日は平日でも18時に閉めちゃいます！」(現在は17時までの営業)との掲示が。営業時間＝頑張る時間！

　玉子焼きにはトッピングができると聞き、明太子と迷った末にじゃこ入りで。お通しのカクテキがとてもおいしいのは、韓国食材店が多いこの地域ならではかも。目の前に大鉢で並べられる総菜に目移りしつつ、食べて呑んで小一時間。私がシメに選んだのは、かす汁でした。大将が「うどん入りもできるんよ」と言ってくれたけれど、汁だけでぜひ！

　真っ白でとろりとした汁を一口呑めば、独特の甘みが舌中にふわっと広がります。ああ、これぞ酒かす効果。酒で冷えた内臓を温めて、また一から呑み始めたくなる！

　ちなみに、この日はご主人だけでしたが、普段は元気なママとお嬢さんの美人母娘がカウンターに。あまりに楽しいお2人なので、その後、大阪を訪れるたびに私も朝から呑みに来ているのでした。▼

この日は、季節ものの「すだち」を使ったチューハイを発見。

限定！ すだちチューハイ と かす汁

at. 大阪市 鶴橋

朝から呑むならチューハイ一択！　起き抜けの頭をシュワッと覚ましてくれます(?)。シメは、関西の冬に欠かせない汁物「かす汁」でポカポカに！

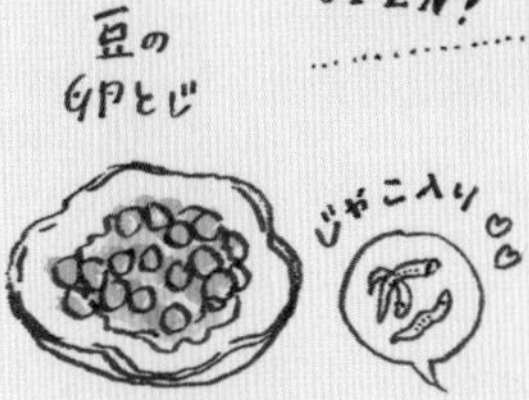

料理上手なご主人がつくる大皿の惣菜。

生野菜がたっぷり入ったポテトサラダやかぼちゃの煮つけ。関西らしく豆の卵とじも並びます。

店内はズバッと長いカウンターのみ。常連さんから一見さんまでウェルカムだそう。手書きのメニューボードを眺めてオーダーを決める時間も楽しい！

19

これぞ大阪！サプライズな小皿中華カウンター

｜大阪府｜大阪市｜

ヨコボリ

大阪府大阪市中央区東高麗橋5-3 高麗橋双葉ビル1階

無し

大阪に1か月の長期滞在をしていたときのこと。初日からひとりで呑み歩き、おもしろいなと思ったのは北浜エリアでした。オフィス街なのですが、歩ける距離間に新しい小さなお店が集まり、どこもセンスが良くて個性的でおいしい(しかも安い)！ 立ち呑みのお店が多いのも特徴で、サッと呑んでは次のお店へとホッピングできるのもいい。

そんなわけで、滞在1週間目には北浜リピート。前回、行かなかったお店に行ってみるかとドアを開けたのが「ヨコボリ」でした。創作小皿中華の立ち呑みで、外から見てもすごい活気！「ひとりです」と入ってカウンターへ陣取り、ふと目を上げたその先にあったのは……私の著書!? えっ？

お店の書棚にひっそり置いてあるくらいでは声をかけませんが、カウンターの棚のど真ん中に祀られているレベル。思わず店員さんに「あのー……あの本、私の本です」と話しかけると、いきなり店中から大きな拍手が。なにごとー!?

そこで、「お客さま、お席移動されまーす！」という掛け声とともに隣にやってきたのが一組のご夫婦。「私たちインスタをずっと見ていて、ハナコさんが今日来るのはココじゃないかと推理して張ってたんです！」。えぇーーーー？

この行動力と、店長さんやスタッフ、お客さんまで含めたノリが、さすが大阪。いやはやビックリ。おもしろかったなー。その後は、お二人とともに、ひとひねりある中華小皿のおつまみを頼みつつ、カルダモンハイボールやワインをぐびぐび。料理もお酒もおいしいし、何よりこの東京にはない楽しい店のあり方に感動した夜でした。

おもしろ中華とカルダモンハイボール

立ち飲み中華

ヨコボリ

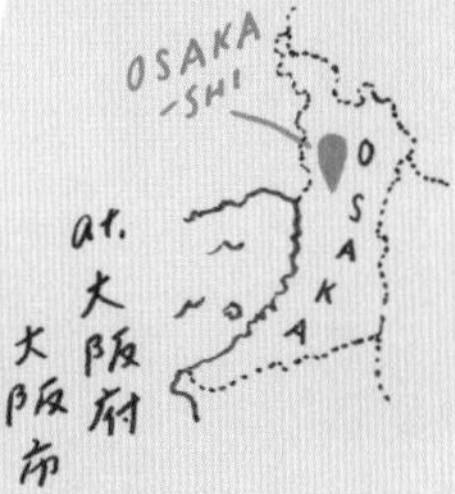

焼売にウスターソース！？　でもこれがやみつきの味なのです〜。

立ち呑みカウンターに並ぶアテは、「炙りサバ香草油琳ソース」や「XOカマンベール」、「肉焼売　自家製ウスターソース」などひとひねりある中華ばかり。量もほどよいのでひとり呑みにうれしい！

20

眠らない街
難波呑みで流れつく
深夜3時のオムライス

—大阪府—大阪市—

立ち呑み笑和

大阪府大阪市中央区
灘波千日前2-16

無し

そもそも大阪に1か月の長期滞在をしようと思ったのは、「もっと〈普通の関西〉を食べ呑み歩きたいな」と思ったから。出張で関西に来ることはあっても、いつもスケジュールはびっしりで行くお店も決まっている。何年も書きとめている「行きたい店リスト」は増える一方だし、「ふらっと立ち寄る普通のうどん屋とか、名もなき店がおもしろそうなのに」。ずっと、そう思っていたのです。

実際に宿をとったのは、ザ・難波(ミナミ)のAirbnb。1DKのマンションを月単位で借りて、そこを拠点に京都や兵庫をめぐることにしました。とはいえ、部屋の周りも「裏なんば」と呼ばれる呑み屋街。呑み歩くしかない!

キタに比べると、ぐっと下町感が漂うミナミ。私は、こっちが断然好み。夜な夜な、あてずっぽうに近隣の呑み屋ののれんをくぐりました。大阪っぽいなあと思うのは、呑んでいると必ず周りの人と仲良くなること。おすすめの店を聞くと「それなら、あそこがええわ」「いや、この時間ならあっちやない?」とすすめられ、高確率で出てきたのが「笑和」。

路地裏にある小さな立ち呑みで、22時オープン。0時過ぎでもお客さんでぎゅうぎゅう! お店の奥のテレビでエンドレスに流れるえいちゃんのビデオは、やさしい金髪マスターのケンケンさんが大ファンだからだそう。

名物のオムライス(!)が食べたかったけれど、いつもお腹いっぱい。でも数回通ううち、ついにチャンスが訪れました。隣の方が頼み、「おねーさん、食べる?」とひと口ご相伴に……! ああ、これぞ長期滞在の醍醐味(?)。深夜3時のオムライス、最高だったなあ。

〜なんばの夜〜 深夜のオムライスとトマトチューハイ

店のテレビでは、夜通しえいちゃんの映像が流れるのがお約束。

大阪では、絶賛さぬきうどんブーム。コシのあるうどんにいりこだし、揚げたての天ぷらがたまらない！　名店も続々と。

21

全国に名を知られる明石の絶品立ち呑み店

―兵庫県―明石市―

立ち呑み処たなか屋

兵庫県明石市本町1-1-13

○七八-九一二-二二一八

神戸といえば三宮や元町が有名だけれど、ぜひ足を延ばしてほしいのが「明石」。海がすぐそこという港町です。

とれたての魚介が並ぶのは、「魚の棚（通称『うおんたな』）商店街」。その名の通り魚屋さんが数多くあり、店頭にはキラキラと輝く魚介類が！　昔から近所の人が夕食の材料を求めて買いに来る、地元密着商店街だそうです。なんてうらやましい……。

そして、その商店街にあるのが「立ち呑み処たなか屋」。訪れる前から「神戸にすごい立ち呑み屋がある」と聞いていた、全国にその名をとどろかせる名店です。中に入れば地酒はもちろん、ワインやほかのお酒も勢ぞろい。なぜなら、ここは「たなか酒店」という酒屋に併設された立ち呑み！

なによりすばらしいのが、おつまみのおいしさ。ひと工夫された鮮度抜群のお刺し身はもちろん、どの料理も手作りで塩梅が絶妙なのです。地元の魚介はもちろん、おばんざいのようなものも絶品！

私が頼んだ「自家製がんも」は、揚げたて熱々。ふわふわの豆腐ダネの中にはいろいろな具材が仕込まれ、大根おろしと出汁あんでいただけば最高！　お供にしていた「梵」がすすみます。ほかにも「バイ貝の紹興酒漬け」や「鶏レバーのマスタードクリーム煮」など、自由な発想のおつまみがズラリ。これはお酒が止まらない～。

シャキシャキとカウンター内で働く女性店員さんの動きを眺めているだけでも楽しいし、地元のお客さんと会話しても「さすが関西！」なノリ。立ち呑みなことを忘れて、おいしく楽しい時間を過ごせるはず。

揚げたて熱々の自家製がんも！

「立ち呑み処たなか屋」の日替わりの手書き黒板メニュー。地物のほか、全国からの厳選食材を使ったつまみが並ぶ。

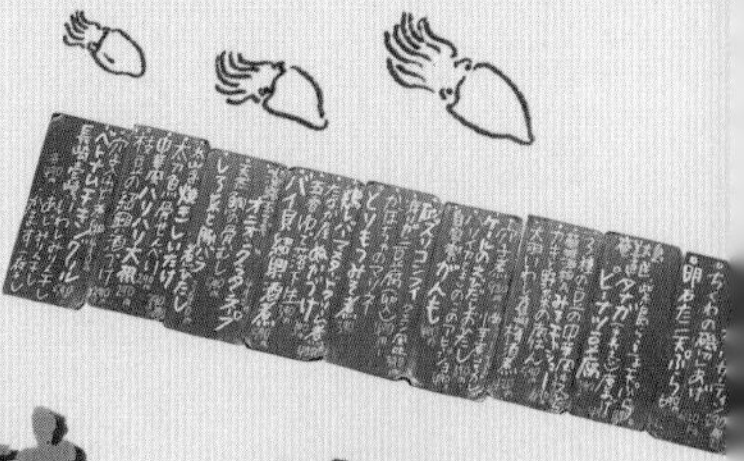

UONTANA 梵と魚の棚の魚介

鮮度だけに頼らず、ピカピカの刺し身も軽く炙ったり酢じめにしたりとひと工夫。渡り蟹の出汁が染みた豆腐と落とし卵が日本酒に合う「渡り蟹豆腐」も絶品！　次はワインにしようかな〜。

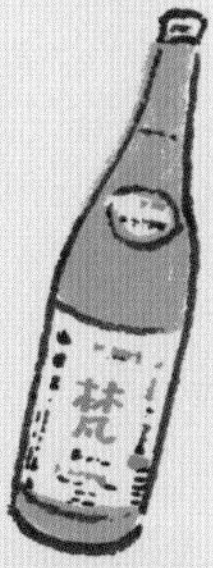

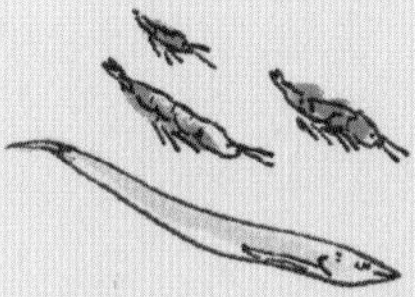

at. 兵庫県 明石市

商店街には、すぐそこの港で揚がった太刀魚などが並びます。

漁港に行くと、ちょうど山盛りのしらすが揚がったところ。透き通ってピカピカ美しい！

22

生酒を熱燗で？
骨太なお酒がそろう
あこがれの酒蔵へ

―京都府―京丹後市―

木下酒造
🏠 京都府京丹後市久美浜町甲山1512
☎ 〇七七二‐八二‐〇〇七一

ふかたべ
🏠 京都府京丹後市峰山町冨貴屋35‐7‐1
☎ 〇九〇‐九八八〇‐五〇八八

日本酒が大好きで、全国を訪ねるたびに酒蔵へ立ち寄ります。そんな中、いつか訪れたいと思っていたのが、京都・京丹後市にある「木下酒造」でした。

その出会いは5年ほど前のこと。熱燗好きが高じて、家でもお店も、春でも夏でも熱燗を呑んでいたのですが、行きつけのレストランで出された燗酒がとてもおいしかった。ふっくらとした香りで、力強いのにまろやかな味わい。「これ、なんですか？」と思わず聞いた返事が「木下酒造〈玉川〉の純米吟醸」だったのです。

聞けば京都のお酒で、杜氏はイギリス人のフィリップ・ハーパーさん。いつか呑んだことがあるペンギンのラベルが印象的だった日本酒「アイスブレイカー」をつくった杜氏さんだ！

蔵があるのは、京都市内とは全く雰囲気が異なる、自然豊かな京丹後市。さっそくハーパーさんにお話を伺うと、意外なアドバイスが。「うちの酒は、とても骨太。ぜひ常温で保存して、日ごとの味の変化を楽しんでほしいですね。飲み方も自由ですよ。燗がおすすめですが、常温だってロックだって大丈夫」。

生酒は冷蔵保存が常識だし、生吟醸酒をお燗するなんてＮＧ……と、日本酒を難しく考えていた人には目から鱗かも。実際に、いろいろなお酒を試飲させてもらうと、同じ銘柄でも1か月前（！）に開けたものと昨日開けたものでは全く違う味わい。わー、この変化は衝撃。

蔵の売店も、すかさずチェック。当然ながら、これほど「木下酒造」の商品がそろっているお店は他にないはず。興奮のあまり、思わずあれもこれもと買い求めたけれど、経年変化を楽しむと思えば多すぎはしないはず？▼

レアな地酒と京都の海の幸

at. 京都府京丹後市

「タイムマシーン」の5年ごとの呑み比べセットに感激。

フィリップさんの解説付きで試飲するとおいしさも倍増！「タイムマシーン」を使用したソフトクリームも人気。

さすが蔵元の販売所。季節ごとの限定品から定番品までズラリ！

「アイスブレイカー」は、氷を浮かべても◎！

市内にある居酒屋「ふかたべ」へ。「木下酒造」のお酒は、赤かじきや穴子などパンチの強い食材もバッチリ受け止め、互いの良さを引き出します。もう杯が止まらない！

23

市内で楽しむ絶品朝食とディナー

—京都府—京都市—

ル・キャトーズィエム
京都府京都市上京区
伊勢屋町393-3 2階
☎ 〇七五-二三一-七〇〇九

喫茶アマゾン
京都府京都市東山区
下堀詰町235
☎ 〇七五-五六一-八八七五

東京の六本木に「祥瑞《しょんずい》」というワインバーがある。私がたまに訪れていたのは、もう10年以上前になるのかな。呑んだことのないナチュラルワイン、現地のようなビストロ料理、食べ＆遊び慣れた大人っぽい客層……。まだ30代前半だった私は「なんて楽しいお店！」と毎回ワクワクしながら席へついたものでした。

そして、お店で必ず食べるべきものが牛肉のステーキ。「ここのシェフの肉焼きは最高だから」と何人の人に言われたことか。初めて食べたのはランプ肉のステークフリットだったけれど、焦げているのではと思うほど真っ黒な表面になまめかしいロゼ色の断面……いちいち驚きながら食べて、そのコントラストと火入れの絶妙加減にひどく感動しました。

時が経ち、当時のシェフ茂野真さんが独立して京都市内にオープンしたのが「ル・キャトーズィエム」。そして、頼むべきは、もちろん牛肉！　この日は赤崎牛の内もも肉ですってよ。うわー、このコントラストなつかしい……。これはもう、おすすめの赤ワインも呑むでしょう。

もちろんここは、六本木とは別の店。でも、10数年前の私のように、ここ京都でも茂野さんの肉とワインに感動した人が数多くいるに違いない。それを思うと、なんだか勝手に京都の食いしん坊たちへの親近感がわいてくるのでした。

そして翌朝、朝食を食べるなら老舗の喫茶店「アマゾン」へ。関西はだし巻き卵のサンドイッチが有名ですが、こちらの「和風トースト」も忘れられない味。カリッと焼いたトーストに熱々のだし巻き、きゅうりとおかかとのりをサンド。常連さんがのんびりくつろぐ中で、日常の京都の朝を体験してみて。▼

ビストロの ステーキとワイン at. 京都府京都市

お店には、厳選されたナチュラルワインがズラリ！　お料理に合わせたおすすめを選んでもらうのが吉。

クリームをトマトにからめてどうぞ！

「ブラータとフレッシュトマト」は京都「加茂トマト」を使用。超濃厚なチーズを受け止めます。また、シェフお得意のステーキはオーダー必須！　付け合わせのポテトフライもガリゴリほっくり。

ほかほかのだし巻きにおかかじょうゆときゅうりがマッチ！

24

京都っ子が愛する老舗中華の夏の味

―京都府―京都市―

中華のサカイ 本店
京都府京都市北区
紫野上門前町92
☎ 〇七五-四九二-五〇〇四

いづ重
京都府京都市東山区
祇園石段下
☎ 〇七五-五六一-〇〇一九

京都出身の男性料理家さんに経歴を聞いていたら、「以前は京都にある老舗中華で働いていました。名物の冷やし中華は、ピーク時なら1日数百食も作っていたから今も得意ですよ」だそう。彼は当然のように話したけれど、1日に数百食？　それ、かなりすごくない？

お店の名前を聞くと、「中華のサカイ」。周りの京都人たちに聞けば「ああ、サカイね。たまに冷やし中華を食べたくなると行くわー」と返ってくるし、これは食べてみなければ！

明るい店内の壁にはぐるりとお品書きが貼られているけれど、「冷めん（冷やし中華）」が堂々のトップバッター。そして、お客さんを見渡せば、ほとんどの人がこれを食べている。

もちろん私も冷えたキリンの瓶ビールを呑みながら冷やし中華を頼み、待つ間に卓上メニューを見ると不思議なことに気がついた。中華なのに、オムライスやクリームソーダまである？

聞けば、戦前この店は洋食店だったそう。でも戦争で食材を入手できなくなり喫茶店に。戦後、やはり食材が手に入らない中で始めたのが中華だったらしい。そうか〜、その名残メニューなのね。

到着した冷やし中華は、きゅうりと焼き豚が混じりながら麺にのり、刻みのりがちらり。正直、一般的にイメージするカラフルな冷やし中華とはほど遠い。でも一口食べれば、甘くて酸っぱい独特のタレにもちもち麺が良くからんでうまーい！　量もちょうど良くて、確かにこれはくせになる味。

冷やし中華のお土産も人気だそうで、もちろん私もゲット。「いづ重」の寿司も買って、家で京都気分を味わおう。

サカイの冷めんとキリンビール

at. 京都府京都市

唯一無二のオリジナル冷やし中華に、「これぞ京都の中華！」な春巻きを合わせて。年季の入った壁のメニューも見逃せない。

帰りの新幹線でのおたのしみ✩

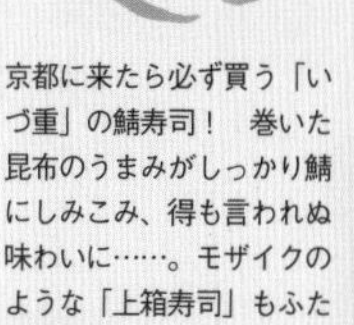

京都に来たら必ず買う「いづ重」の鯖寿司！　巻いた昆布のうまみがしっかり鯖にしみこみ、得も言われぬ味わいに……。モザイクのような「上箱寿司」もふたを開けた途端、歓声が沸く美しさ。

予定を立てずに飲み歩きたい街

公私ともに訪れる機会の多い近畿。とくに大阪は出張で年中来ているし、プライベートの京都旅行もほぼ毎年。そのついでに神戸まで足を延ばすのも、お決まりのコースでした。

　でも、ずっと思っていたのが「暮らすように近畿で過ごしてみたいな」ということ。例えば拠点が大阪なら、朝起きて近くの喫茶店でコーヒーを飲み、「今日は、なにしよっかな」と考える。ミナミかキタか、もしくは京都や神戸まで電車で行ってみるか。夕方は近所の銭湯へ行ってサッパリして、夜になれば通りかかった居酒屋へ。前回気に入ったレストランにまた顔を出したり、急な食事の誘いにのれるのも、住んでいるからこそ。そんな、旅行や出張ではできない関西を体験してみたかったのです。

　実際、ガイドブックには載らない名もなきお店が抜群におもしろい。駅前の安いうどん屋、昼から酔っぱらいが集う立ち飲み、常連のおかん軍団が店員さんみたいになっている喫茶店……それは関西の人たちならではの独特なコミュニケーションが作り出す店の空気なのだと思う。

　だから、ぜひ次はスケジュール帳を真っ白にして近畿へ行ってみませんか？　なんの観光スポットもない駅で降りて、あてもなくぶらぶら。目についた居酒屋へ入って呑むのも楽しいものです。ちなみに私自身、そんなきっかけで一緒に呑んだ隣の席の愉快なカップルとは、今でも連絡を取り合う仲だったりもします。

　旅は異文化を知ることでもありますが、それがビシバシと伝わってくるのが近畿。外国に来たつもりで(?)楽しむのがおすすめです。

近畿旅の注意点

● 見逃せない旬の食べ物

丹波の黒豆は10月、松茸は９月〜11月を狙って。淡路島たまねぎは、３月下旬〜５月上旬まで新たまねぎが楽しめます。兵庫県の松葉ガニ、京都の間人ガニの旬は11月〜３月。お好み焼きに欠かせない泉州キャベツは11月〜５月がおいしい時期です。

● 交通手段

鉄道会社がたくさんあり、それぞれがフリーパスなどを発券しているので、近畿を旅するなら電車がお得です。京都の中心地は道幅が狭く一方通行も多いので、京都市街地の観光の場合は、シェアサイクルを利用するのもおすすめ。

● 主なイベント開催時期

【大阪】岸和田だんじり 敬老の日前の土日【京都】祇園祭　７月１日〜31日【奈良】大仏さまお身拭い ８月７日【和歌山】梅まつり ２月中旬【三重】朝日朝市 毎月１日【兵庫】六甲ミーツ・アート芸術散歩 ９月下旬【滋賀】びわ湖開き ３月上旬

● 服 装

夏は38℃を超えることも多いので、帽子や扇子など熱中症対策をしっかりと。冬は京都では－１℃になることもあるため、厚手のコートや靴下で冷気を防ぎましょう。秋口は雨が降ると気温が下がります。撥水機能のついた薄手の上着があると便利です。

銘酒案内

近畿編

近畿地方は昔から酒造りが盛ん。名だたる銘酒と酒蔵が多数あり、近畿に行けばたくさんの日本酒に出会うことでしょう。というわけで、今回はあえてビールとウイスキーをセレクト。知る人ぞ知る近畿の銘酒を味わいましょう。

世界NO.1
BEER
STOUT
WORLD
BEER
CUP
GOLD AWARD
MINOH
BEER
STOUT
It's exceedingly moreish!
箕面ビール・スタウト
ISEKADO BREWERY LIMITED BREW
NewEngland IPA
Neko Nihiki

江井ヶ嶋酒造の
ホワイトオーク地ウイスキー あかし

3年以上貯蔵した原酒を海沿いの貯蔵庫で寝かせたウイスキーは、なめらかな口当たりでほんのりスモーキー。ロックならナッツやチョコレート、スモークチーズ、ハイボールならカキフライやタコ天と相性抜群です。500mℓ 1210円(江井ヶ嶋酒造株式会社☎078-946-1001)

伊勢角屋麦酒のねこにひき

猫好き社長同士で日米コラボ。ラベルの猫は2人の愛猫。ペールエールの3倍のホップを使用し、トロピカルフルーツのような甘みがあり、アルコール8%ながら、するする呑めます。重厚な松阪牛とのペアリングがおすすめ。「330mℓ 968円(伊勢角屋麦酒☎0596-63-6515)

箕面ビールのスタウト

歴史や伝統を重んじつつ新感覚なビールを造る箕面ビールのスタウトは、チョコやコーヒーのような風味とクリーミィさが特徴のブラックエール。お肉や牡蠣とも合うし、甘いもの好きならバニラアイスやチョコとどうぞ! 330mℓ 450円(株式会社箕面ビール☎072-725-7234)

中四国

瀬戸内海を介して地域間交流がある、
中国地方と四国地方。
どちらのエリアも人口は少なめだけれど、
魅力的な自然やおいしいものであふれています。
訪れるたびに癒される、のんびりエリアへゴー！

25

冷たくても温かい。お好み焼きではない広島人のソウルフード

―広島県―広島市―

広島酒呑童子
広島県広島市中区大手町1-4-25
○八二-二四七-九三○○

「ハナコさん、これ食べたことあるじゃろうか」。そう言いながら、そっとテーブルに出されたのが「がんす」でした。場所は東京の友人宅。暑い夏の日の夕方にプシュッとビールを開け、「なんかおつまみある？」と話していた矢先のことです。

広島出身の友人で、上京して何年経ってもバリバリの広島弁のまま。男性の広島弁は任侠映画のせいか「怖い」と思われがちだけど、女性の広島弁はかわいいよなあ。彼女が話すたび、そう思っていた気がします。

地元広島を愛する彼女が言うには、「がんす」は魚の練り物をフライにしたもの。「カミカツみたいじゃろ。おつまみにも、お弁当にも、うどんの具にもいいんよ」。しょうゆをかけてひと口食べれば、ちょっとジャンクな風味でこりゃうまい！　これ、長ねぎの薄切りと卵とじにして、どんぶりにしても最高だろうなあ……。

そして数年前、初めて広島を訪れた時のこと。市内のローカル大箱居酒屋「広島酒呑童子」へ行くと、ありました「がんす」！　赤いエプロン姿でチャキチャキと働く妙齢のお姐さまに「やっぱりビールですかね」と聞くと「なんでもいいんよ。日本酒もぴったり」と意外な答え。地酒「雨後の月」の純米吟醸と合わせれば、フルーティな呑み口と不思議とよく合う。

同席の広島人いわく、「居酒屋のがんすは温かいけど、私らには冷蔵庫から出して冷たいまま食べるもの」。なるほど、店のがんすと家のがんすがあるんだな。冷たくてもどこか温かい、そんな不思議なソウルフードを見たのでした。

雨後の月&がんす

at.広島県広島市

最初に登場した広島出身の友人いわく、「がんすは広島ではどの家の冷蔵庫にもあるし、居酒屋でも定番のおつまみじゃねえ」。肉ではなくって魚の練り物だから、日本酒とも不思議と合うのかなあ。

赤エプロンをつけた、元気なお姐さま方が迎えてくれるはず。がんすのほかにも広島名物をいただける。

今回登場した「広島酒呑童子」は、世界遺産「原爆ドーム」のすぐ近くに店を構える。30年以上の歴史を誇り、昭和の名残を残す懐かしい雰囲気も、呑ん兵衛にはたまらないローカルなお店。

「さすが！」の店名を掲げるお好み焼き屋さんや行列のできる名店にも行きました。お好み焼きも、もちろん広島のソウルフード！

26

テラスで楽しむ道の駅でのセルフつまみ宴会

―高知県―高岡郡―

道の駅 なかとさ

高知県高岡郡中土佐町久礼8645-2
○八八九-五九-九○九○

10年ほど前、初めて高知を訪れました。そのとき衝撃を受けたのが、食材の鮮度と豊富さ。全国を食べ歩いてきたけれど、この県は頭ひとつ抜けておいしいものだらけだなと思った。

なかでもおどろいたのは、魚介の種類。かつおはもちろん、どろめ、よだれ貝、ぶりこ、きびなご、マンボウ、ハランボ……。東京では聞いたことのない名前ばかり。なかでもヤケドは深海魚で、海からあがると皮がはがれてしまうことからそう呼ばれるそう。へー、おもしろい名前のつけ方！　地元の人にそう言うと、不思議そうに笑われてしまいました。

だから、高知へ行くと必ずめぐるのが産直や道の駅。野菜はもちろんのこと、柑橘王国でもあるため、「仏手柑《ぶしゅかん》」など聞いたことのない柑橘類を買いまくります。魚介は旅の最終日に、宅配便で送るのがオススメ。東京へ帰ったら旅の疲れをものともせず、それらの食材で宴会をするのがいつもの流れです。

店内を気が済むまで見て回ったら、向かうのは総菜コーナー。お気に入りの「道の駅なかとさ」では表のテラスで飲食ができるので、ここでも買ったものでランチ宴会だ！

すぐ食べられる新鮮な刺し身や地元の豆腐はもちろん、かつおの竜田揚げ、柑橘果汁でつくったさわやかな酢飯のちらしずし、炊き込みかつおめしなどなどなど、手づくりの総菜はどれも絶品。南国の太陽の下、地ビールが止まりません。海鮮焼きの屋台が出ていたらラッキー。焼きたての長太郎貝も食べるべし。

もちろんレストランで食べるのもいいけれど、たまにはこんなセルフつまみで屋外宴会も楽しいよね！▼

かつおから出たダシで炊き込まれた「かつおめし」は、米の１粒１粒まで美味！　刺し身は日替わりなので、旬を楽しんで。

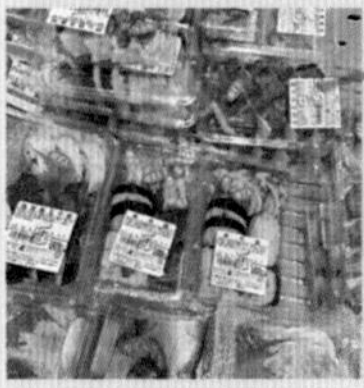

米酢ではなく、柑橘を搾った果汁でつくられる酢飯。ちらしも、巻きずしもさわやか！

海沿いをドライブするのも楽しい高知。

ズラリと並ぶピカピカの魚は、見ているだけで楽しい～。

27

早朝の市場で食べる人生イチ美しい絶品かつお定食

―高知県―高岡郡―

田中鮮魚店 漁師小屋
🏠 高知県高岡郡中土佐町久礼 6382
☎ 〇八八九-五二-二七二九

高知の友人を訪ねて、大宴会でもてなしてもらった翌朝。やや二日酔い（というか、まだ酔ってる）の頭で7時に起きたのには理由がありました。「7時半に車でホテルへ迎えに行くから起きてね」と念を押されていたのです。しかし、友人もめちゃ酒強いな……さすが高知が誇る「はちきん＝男勝り」女子。

仁淀川を渡り、連れていかれたのは中心地から車で50分ほどの「久礼大正町市場」。すぐそこは港で、メイン通りには海から揚がったばかりの魚がズラリと並んでいます。これは、二日酔いも治るキラキラっぷり……！ 通りすがりに威勢よく「おねえさん、今日は太刀魚いいよっ！」と言われると、観光客なのに買ってしまいたくなる。

そんな観光客にもうれしいのが、通りの奥にある店「漁師小屋」。目の前にある鮮魚店で買ったものを、店内で食べることができる食堂です。私たちは、もちろん旬の初がつおを購入！ カップ酒 or 白ごはんと味噌汁もお願いしまーす。

大皿にドーンと盛られたかつおの刺し身とたたきは大迫力。そして、見たことがないほど透明感のある紅色……うわー、美しい！ 食べてみれば、「これまでの東京でのどす黒いかつおはなんだったんだ」と思わずにはいられない衝撃の味わい。かつおにありがちな血の味がまったくしないし、歯触りがもっちもちなのです。はー、たまらん。

大量の薬味や薄切りにんにくも最高だよね。そういえば、昨日の宴会で「高知の人はにんにくの匂いを気にしないの？」と聞いたら、「老若男女みんなにんにく臭いから気にしたことない」との答えで衝撃だったよ。すごい県だなあ。▼

人生イチ かつおとカップ酒

at. 高知県高岡郡

たたきもいいけど、本場に来たなら鮮度命のお刺し身で！

東京で食べるどす黒いかつおは何だったのか……！　そう思わずにいられないほどの美しい赤身。薬味もたっぷり。

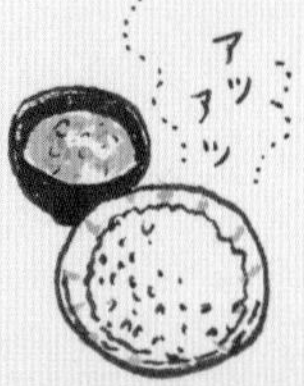

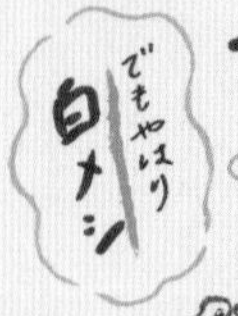

スーパーにもかつおのサクがズラリ！

市場の周りはなつかしい雰囲気のお店が立ち並びます。木枠のガラスケースに入ったドーナツは、昔懐かしいホットケーキのような生地。注文を受けてから砂糖をまぶしてくれるので、その場でかぶりつきたい！

旅先メモ

中四国

食と酒を愛する大胆で豪快な県民性

中四国でも、私が繰り返し訪れるのは広島と高知。どちらも食べ物と酒がおいしくて、何度通っても毎回新しい食の出会いがあることに惹かれたのです。

広島へ通うきっかけは、とある読者グループから届いた1通のメールでした。「ツレヅレハナコ様」で始まるその長いメールには、広島で料理教室をやってほしいこと、そのための相談ごとが綴られていました。

企業以外からの依頼は珍しかったので驚いたものの、その丁寧なメールに興味がわいて引き受けることに。そして、彼女たちが案内してくれた地元飲食店に衝撃を受けました。

ホルモン屋、洋食屋、お好み焼き屋……、昔から地元で愛される店をはじめ、東京にあっても驚かないほど超絶素敵なイタリアンまで。メニュー名がすべて「広島カープ」の選手名の焼鳥屋もおもしろかったー。この県の人たちは皆、飲み食いが大好きなんだな。それが、ひしひし伝わりました。

そして高知も、初訪問からハマった県。私自身、そこそこお酒は飲めるつもりですが、飲酒量を女性に負けたと思ったのはこの県が初めてでした。とにかく、みんなよく呑む！

郷土料理「皿鉢料理」の取材に訪れた際も、「おきゃく」と呼ばれる宴会での呑みっぷりに呆然。居酒屋で呑んでも、知らない間に人が増えている（誰かが呼んだらしい）なんてざら。それも誰も気にしないのです。

友人の実家へ行っても「べく杯」というテーブルに置けない盃で乾杯！　すごい県に来ちゃったなと思いました。

そんな大胆で豪快な人々が集う中四国。訪れれば、自然と笑顔になってしまうはず。

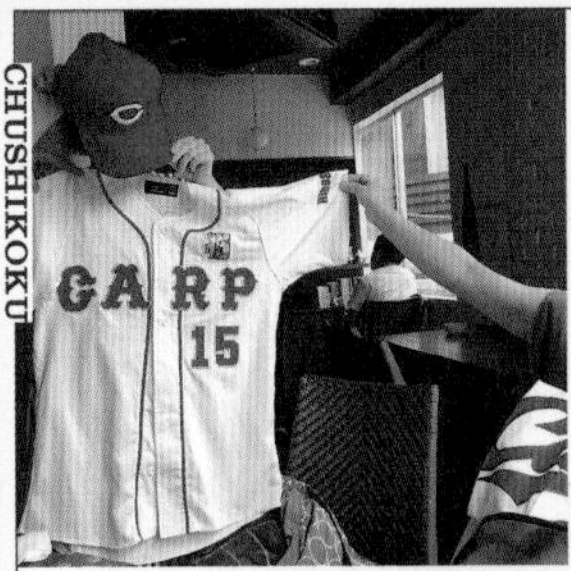

中四国旅の注意点

● 見逃せない旬の食べ物

香川県小豆島のオリーブは10月〜11月、徳島のなると金時は8月〜10月、広島のレモンは12月〜6月がおいしい時期。カツオは6月頃と10月〜11月頃の2度旬があり、キンメダイは12月〜2月、牡蠣は12月〜2月が身が太って絶品です。

● 交通手段

四国はJR以外の私鉄がほとんどないので、レンタカーでの移動が便利です。ただし、山道が多いのでガソリンやお手洗いで慌てることがないように注意しましょう。一方、広島は路面電車や循環バスが充実しているので、公共交通機関で巡れます。

● 主なイベント開催時期

【広島】厳島神社管絃祭 7月中旬【島根】松江水郷祭湖上花火大会 8月上旬【岡山】備前焼まつり 10月中旬〜下旬【山口】七夕ちょうちん祭 8月上旬【高知】よさこい祭り 8月上旬【徳島】阿波おどり 8月12日〜15日【愛媛】西条まつり 10月など

● 服装

広島をはじめ中国地方は冬場は積雪がある場合もあります。コートやマフラーは必須で、足元は雪道でも歩きやすい靴にしましょう。一方、夏は比較的気温は穏やかですが、晴天率が高いので日傘や帽子など日光を遮るものを忘れずに。

銘酒案内

中四国編

中四国地方の日本酒は、上品でふくよかなうまみがあることが特徴で、こってりした料理にもよく合います。日本酒以外のお酒も地元愛にあふれており地元の原料を使ったり、地元の食文化に合うように考えられているものばかり！

純米吟醸
雨後の月
安芸虎
純米吟醸

島根ビールの
松江ビアへるん ペールエール

これぞ和牛に合うビール！ 苦みがあるのに後口すっきり。島根の食文化に合わせても負けない、島根で生まれ育ったブルワーだからこそできる濃厚なビールです。300㎖ 539円（島根ビール株式会社　beer@shimane-beer.co.jp）

コチブルワリーのネイキッドエール

自家採取した自然酵母で発酵させ、無濾過のまま瓶詰め。さらに熟成を重ね変化するビール。原材料は地元岡山県産無農薬小麦を使用。スッキリなのに自然酵母由来の複雑味ある味わいが楽しめます。750㎖ 2500円（コチブルワリー　kotibrewery@gmail.com）

有光酒造場の安芸虎 純米吟醸

江戸時代に建てられた仕込み蔵で生まれる、フルーティな吟醸香と心地よい酸味。しっかりとした味わいで、鶏肉料理や豚肉料理などこってりした肉料理によく合います。チーズやオリーブオイルとも◎。720㎖ 1727円（有限会社 有光酒造場　arimitsu_sake@ybb.ne.jp）

相原酒造の雨後の月 純米吟醸

「雨後の月」には、月の澄んだ光が周りを明るく照らすように、透き通った味わいが食卓を明るくするという思いを込めている。その名の通り、みずみずしく澄みわたる上品な味わいは気持ちまで明るくしてくれそう。1800㎖ 3300円（相原酒造株式会社☎0823-79-5008）

九州

日本の南に位置する九州地方。
温暖な気候の中で育まれた、
独自の食文化が受け継がれています。
ここに来なければ味わえない、
地元民が愛するうまいもんを探しに行こう。

28

―福岡県―北九州市―

お料理上手なママさんに学ぶ絶品小料理カウンター

のん木
福岡県北九州市小倉北区鍛冶町1-7-18堺町銀座名店街1階
☎ ○九三-五二二-七七三九

福岡といえば大都会の博多を目指すことが多いかもしれませんが、じつは北九州も面白いところです。かつて炭鉱や製鉄所があったため、シブい呑み屋さんも盛りだくさん。

そんな中、先日訪れたのが小倉・鍛冶町にある居酒屋「のん木」。和服に割烹着のママさんが自慢のおつまみを出してくれるのですが、これがもう激うま!

一応、黒板メニューはあるものの、いろいろとお話ししながらオススメをいただくのが正解。この日は、ヤリイカと揚げなすの煮つけがおいしかったなあ……。作り手の個性が出るポテトサラダは、ママさんならではのレシピを聞くだけで「なるほど〜」と勉強になることばかり。「焼きなすは、いわば蒸しもの。切れ目を入れてから焼く人が多いけれど、蒸気が出てしまうのでそのまま焼くのが大切」「うちの明太玉子焼きに入れる明太子は、納得いくものが買えなくなったので自分で生タラコを買って味つけしている」とか、ママさんどんだけ……。最終的には、オススメの揚げ油処理剤や、隠し味に使えるミックススパイスまで教えていただきました。

採算度外視のピカピカの刺し盛りは、「北九州の魚のおいしさを知ってほしいから」とにっこり。ママさんの楽しい話を聞いていたら、あっという間に数時間が経ってしまう!

地方の小さな呑み屋さんというと入りづらいところもあるけれど、やはり濃厚な人と人との触れ合いが楽しい。「えいやっ」とのれんをくぐれば、楽しい一夜が待っているはず。ぜひ小倉を訪れたらお料理上手なママさんに会いに行ってみてくださいね。▼

九州焼酎と明太玉子焼き

at. 福岡県北九州市小倉

MENTAI TAMAGO YAKI

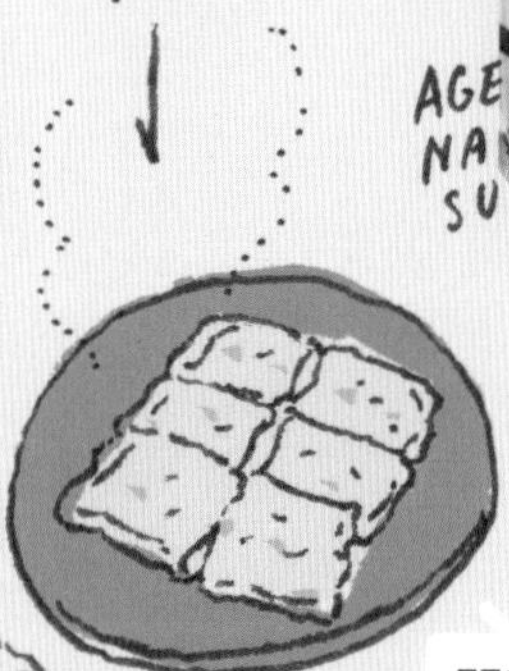

YARI IKA

AGE NA SU

思わず全員おかわりした、ヤリイカと揚げなすの煮つけ。イカのうまみを吸いまくったなすが最高！

ママさん自慢のふわふわ明太玉子焼き！

POTATO SALAD

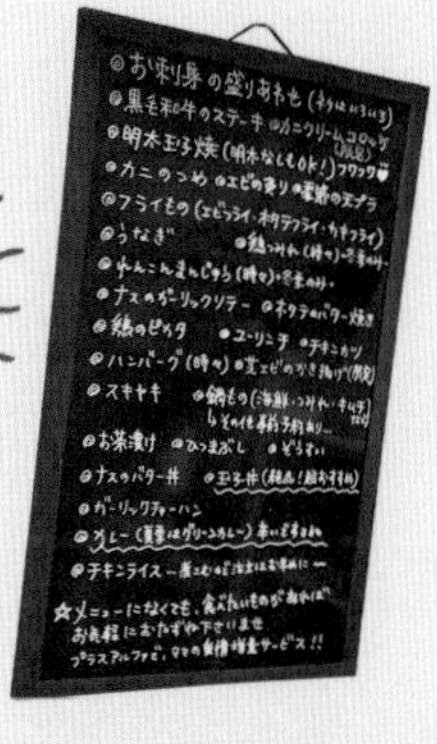

その日のオススメを紹介する黒板メニュー。常連さん曰く、「こちらではカレーを食べないと！」だそうなので次回の課題。

この日の刺し盛りも、カニの爪入りとかすごすぎ〜。

SASHI MORI

29

県民に愛される うどんチェーンで 単品おかず呑み

—福岡県—北九州市—

資さんうどん空港通店
福岡県北九州市小倉南区
大字朽網3914-89
☎ 〇九三-三八三-八七三六

福岡というと豚骨ラーメンのイメージが強いけれど、じつは負けないくらいのうどん大好き県。そして、私が愛してやまないのが「資《すけ》さんうどん」です。

北九州発祥のうどんチェーン店ですが、個人的にすべてがストライクど真ん中！東京へは出店していないため、福岡へ行くと近くの店舗を探して必ず1杯は食べに行くほど。

福岡のうどんは「コシがなくてやわやわ」と言われるけれど、「資さんうどん」は、絶妙にコシがある。でも表面は、やわっとふわっとしていて、少し甘めの透明な特製だしを吸いまくります。そして、欠かせないのがトッピングの「ごぼ天」！カリッと揚げられたスティック状のごぼう天ぷらを、このだしにたっぷりひたして食べる至福と言えば……ああ、福岡に来たなあ。

そして、うどんだけではないのが呑ん兵衛にはたまらないところ。地元では通称「資呑み」として親しまれているそうですが、酒のアテになるメニューがやたらと多いのです。中でも、欠かせないのはおでん。じんわり煮えるおでん鍋から、九州ならではの丸天をはじめ、セルフで好きなものを好きなだけ選べるのがうれしい。

そのほか、単品の「鶏つくね」や「かしわ（鶏肉の甘辛煮）」などなど。ついビールのおかわりが止まらず、うどんにたどり着けるか不安になるほど。そうそう、甘いもの好きなら「ぼた餅」も！

普段は個人商店びいきな私ですが、福岡のうどんチェーンだけは別もの。地元の人に愛され続けるその味を食べに、次はいつまた来られるかなあと思ってしまうのです。▼

シミシミおでんとサッポロ黒ラベル

at.福岡県北九州市

数ある店舗の中でも、無人製麺直売所があるのは「空港通店」だけ。飛行機に乗る前に打ち立てをゲット！

福岡の三大チェーン店の中でも北九州と言えば「資さんうどん」。前を通ると、吸い込まれずにはいられない……。

30

沖縄が誇る食文化のアチコーコーつまみ

―沖縄県―石垣島―

数年前、石垣島で車の免許を取りました。現地の友人に借りたアパートから自転車をこいで教習所へ通うこと3か月！　無事に免許は取れて東京へ戻ったのですが、「これが食べられるなら石垣島に住みたいな」と思った食べものが「ゆし豆腐」でした。

石垣島では、商店やスーパーにできたての豆腐が1日3回ほど搬入されます。ビニール袋に入ったゆるゆると形の定まらないその豆腐は、食べるときもほの温かいまま。塩だけをふって一口食べれば、大豆のうまみがふわっと舌いっぱいに広がるのです。

朝は、塩とオリーブオイルをかけて朝食代わりに。夜は、沖縄といえばの泡盛「於茂登《おもと》」のお供に。薬味をたっぷりかけたり、天かすをのせてみたり、アレンジは無限大！　すっかりハマって毎日食べ続け、ゆし豆腐のない生活は考えられないほど！

東京でも売っていないかと調べたら、じつはこれって沖縄県だけの特別な法律で守られた文化なのだそう。現在の食品衛生法では、豆腐は一度水に放して冷却しなくてはいけない決まり。沖縄が復帰した際、これも適用されるはずが「アチコーコー（＝アツアツ）の豆腐は沖縄の文化だ！」と猛反対して特例地となったのだそう。確かに、これがなくなるなんて宝の消失！

今では、ゆし豆腐が食べたくなると石垣島行きを考えるほど。それがすぐに叶わないならば、豆腐を鍋で温めて泡盛片手に晩酌をします。でもやっぱり、全然違う。はー、次はいつ石垣島への飛行機をとろうかなあ。そんなことを考える罪な食べものなのです。

あったかゆし豆腐と於茂登

チャンプルーに使う硬い島豆腐も定番だけれど、沖縄に来たなら「ゆし豆腐」を！　まだ温かいものを買ってきたら、まずはオリオンビールを呑みつつパクリ。お次の泡盛にもぴったりなおつまみです。

私の定番は、オリーブオイル＋塩だけのシンプルな食べ方。そのほか好みの薬味やしらす、天かす、卵黄など好きなものをのせてカスタマイズするのも楽しい！

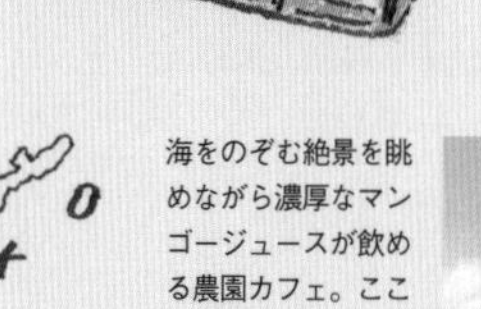

スーパーに並ぶ豆腐のカゴは要チェック！

海をのぞむ絶景を眺めながら濃厚なマンゴージュースが飲める農園カフェ。ここでお酒が呑めたら最高だなあ……。

31

琉球民謡を聞きながら島食材を堪能する夜

―沖縄県―西表島―

はてるま
沖縄県八重山郡竹富町字南風見201-101
☎〇九八〇-八五-五六二三

石垣島へは毎年、数週間~数か月単位で長期滞在しています。そんなときに、よく訪れるのがフェリーで40分ほどで行ける西表島。同じ八重山諸島と言っても、この島は大自然の宝庫！　マングローブ林のある大きな川で泳いだり、カヤックに乗ったり……、普段はインドア派でも、アウトドアを体験してみたくなる不思議なパワーがあるのです。

　そして、必ず夕食を食べに行く八重山料理店が「はてるま」。初代の女将さんが波照間島出身のため、この店名になったというお店です。今は息子さんの代になりましたが、すごいのは、ほぼすべての食材を自分で確保していること。

　海で魚を釣り、海藻を集め、山にきのこや山菜などを採りに行き、畑で野菜を育て……。良い収穫がなければ、潔く店を休む徹底ぶり！　でもラッキーな日は、新鮮な珍しい島魚なども堪能できます。ある日は今日1杯だけ獲れたという巨大蟹(ノコギリガザミ)が出てきて驚いたなあ。ひと口で食べられないほど爪が大きくて、身が甘い！

　長命草と小魚の南蛮漬け、パパイヤの煮物など、どの八重山料理もこれまで食べたことがないほど上品で繊細な味わい。ここまで来る価値が確かにあります。

　そして、お酒は波照間島の貴重な泡盛「泡波」を水割りで。本島はもちろん、波照間島へ行ってもなかなか買えない幻の泡盛です。島の野菜や海藻との相性は、もちろん抜群！

　店内に流れる琉球民謡をお座敷で聞きながら、いい気分になるのも南国の醍醐味。帰り道は、自分の手が見えないほど真っ暗な空の下で、プラネタリウムのような星を見上げるのをお忘れなく。

広い青空の下、水の上をスイスイすべるように進むのは最高！　ビギナーでも、ガイドさんの指導があるので安心。

鮮度抜群の食材で作られる料理たち。定番のラフテーはとろりとした味噌だれがかけられるオリジナルです。シメのごはんものまで堪能して。

巨大な蟹は蒸しただけでもごちそう！

この日は巨大な赤い魚がドーン！ふわっふわの白身がうれしい。

地元民も移住者も楽しめる温暖な南の食

両親が北九州市出身なこともあり、子どもの頃から福岡をはじめとする九州エリアを訪れていました。

その頃はよくわかっていなかったけれど、大人になって通うようになりびっくり。「九州って、こんなに楽しいところだったのね！」。

福岡で言えば、まず博多の町が魅力的すぎる。空港から博多駅までは、地下鉄でたったの5分。着いたらすぐに、呑みに行けてしまうではないか……。街には東京と肩を並べるほどセンスのいい店がズラリと並び、人と話せばなんだかみんな肩の力が抜けている。各地からの移住者が多いのもよくわかるわー。

さらに私のおすすめは、北九州エリア。博多とはまた違うディープな世界が待っています。ぜひ昔ながらの居酒屋や、北九州といえばの肉うどん店を訪れてみてほしいな。

そして、沖縄！　私にとっての沖縄は、本島ではなく八重山諸島のこと。まさにザ・離島ですが、本島に輪をかけてのんびりした空気が漂っています。

ゆし豆腐や八重山そばなど定番メニューの食堂でお腹を満たしたら、ぜひ立ち寄ってほしいのはＪＡが運営する「ゆらてぃく市場」。野菜や果物をはじめ、島の特産物が季節ごとにズラリと並びます。現地で料理はできなくても、地元の人たちの食文化を知ることができるのが楽しい。

また、石垣島も移住者が多いのが特徴。島に惹かれて移り住んだ人々が、現地食材を使ってビストロやメキシカン、バーなどを経営しています。どれも、かなりイケているお店が多いので、ゴーヤチャンプルーに少し飽きてきたら、そんな店に顔を出してみるのも良いかも。

九州旅の注意点

● 見逃せない旬の食べ物

関アジは7月〜9月、関サバは12〜3月が食べごろ。キビナゴに脂が乗るのは12月〜2月、子持ちなら5月頃がおすすめ。天然の車海老を狙うなら6月〜8月。温暖な沖縄にも旬があり、ゴーヤは4月〜7月、紅いもは8月〜1月が旬です。

● 交通手段

離島や田舎など自由に回れると考えるとレンタカーがおすすめですが、思い切ってお酒を楽しみながら鉄道旅も通な過ごし方。ゆふいんの森やななつ星など特急の種類が多く、快適な移動が叶います。ただし、沖縄は車があった方がベターです。

● 主なイベント開催時期

【福岡】博多どんたく 5月4日5日【長崎】波佐見陶器まつり GW頃【佐賀】有田陶器市 GW頃【大分】別府八湯温泉まつり4月上旬【熊本】阿蘇神社火振り神事3月中旬【宮崎】プロ野球キャンプ2月~3月頃【鹿児島】高山やぶさめ祭10月第3日曜

● 服装

日本国内でも比較的温暖な地域ではありますが、北部では海からの寒風の影響を受けるので、風を防げる防寒着は用意しておいた方がよい。夏は1日中半袖で過ごせますが、台風も増える時期なので、雨に強い靴や羽織りがあると便利です。

銘酒案内

九州編

九州といえば焼酎ですが、じつは焼酎以外のお酒も魅力的。焼酎造りの土壌があるからこそ、ビールやジンなどどんなジャンルのお酒でも育つのかもしれません。そんなおおらかさを、九州地方の人柄からもお酒からも感じます。

Yellow Full Moon
2021
ドメーヌ
紅はるか
MARS
Japanese GIN
WA BI GIN
和美人
MARS TSUNUKI DISTILLERY
PRODUCED BY HOMBO SHUZO CO., LTD., JAPAN

アマクサソナービールのスパイダーウェブ

熊本県は天草、日本の最西端のホップ畑でホップから手作り。個性豊かなビールの中でも、こちらはジューシーな風味の後に、グレープフルーツのような爽やかさと苦みを感じられる一本。350㎖ 770円(アマクサソナービール／ https://www.sonarbeer.com/)

宮崎ひでじビールの森閑のペールエール

麦本来の香りと味わいが、ホップの華やかな柑橘系アロマと絡み合い、森林浴しているかのような心地よさ。静かな森の地下天然水仕込みで、バランスのとれたまろやかな口当たりです。330㎖ 550円(宮崎ひでじビール株式会社☎0982-39-0090)

マルスのJapaneseGIN 和美人

蒸溜所のある南さつま市加世田津貫産の金柑など、鹿児島産の9つのボタニカルを原料に使用しています。爽快感のある香りと味わいは、まさにジャパニーズジンと呼ぶのにふさわしい。700㎖ 4180円(本坊酒造株式会社☎099-822-7003)

八千代伝のつるし八千代伝

自社農園で収穫した紅はるかを、生芋のまま2か月吊るして熟成させることが名前の由来。ドライな熟成感と紅茶のような上品な甘みが味わえます。この甘みはぜひロックで！ 720㎖ 2090円(農業法人八千代伝酒造株式会社☎0994-32-8282)

旅先だからおもしろい

スーパー＆直売所 買い物リスト

旅先で、まず巡るのは酒場の数々。いわゆる観光スポットへは、ほぼ行きません。それは海外でも同じこと。例えば、宗教建築や遺跡などにさほど興味はなくとも、しぶしぶ行くのはお腹をすかせるため。今は満腹だとしても、まだ行くべき店のためならウォーキングもがんばれる！　って、ごめんよ、荘厳な歴史スポットたち……。

そんなウォーキングを兼ねて、飲み食いの間に必ず立ち寄るのがローカルスーパーと直売所。ぐるぐる歩き回ればお腹に隙間をつくれるだけでなく、地元の方々が普段、どんな食材をどのような価格で買うのかを知ることができます。

「食料品なんて、全国さほど変わらないのでは？」と思うかもしれませんが、これが奥深い！　一般的な食材も、ところ変わればメーカーが変わり、パッケージが変わる。また、地元の人は全国圏だと思っている食材も、他県ではまったく見ないレアものだったり。さあ、「その土地だけのいつもの食材」を探しに出かけてみましょう。

愛してやまない
たまごは
抱えてでも
持って帰る

たまご

地元の養鶏所が平飼いで育てているたまごをはじめ、アローカナや烏骨鶏など珍しいたまごが並ぶことも。透明なパックではなく、メッシュ袋やビニール袋に入っているのも萌えポイント。割れるリスクはありますが、私は手荷物で大切に抱えて帰ります。取っ手付きの段ボールに入った「50個入り」を迷わず買ったことも。

豆腐

日持ちのしない豆腐は、本来地元の人が近所の豆腐屋で買うもの。それをなんとか持って帰ります。地域によって、主流が堅めだったり、ゆし豆腐だったり個性豊か。最終日に買うのがベストですが、ビジネスホテルで冷蔵庫保存も。

パン

どこの地域にも、昔からのローカルパン屋がスーパーや直売所に出店しています。全国大手メーカーの商品の中に、ちょこんと並ぶ素朴なパッケージがたまりません。あたりをつけて、生産者表示の住所をチェックしましょう。

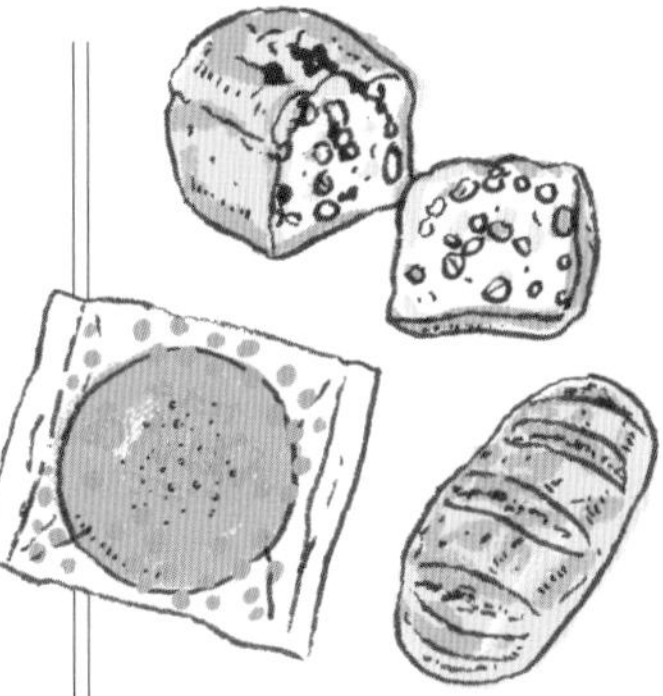

野菜

直売所の醍醐味といえば、やはり野菜！　農家さんが直販するとれたての農産物を格安で買うことができます。前日に食べた珍しい野菜などを探すもよし、使い方をスタッフにたずねるもよし。家でも旅の食卓を続けましょう。

納豆

納豆好きなら買わずにいられないが全国の納豆。地元の大豆が使われたり、三角形のパッケージやわらに包まれていたり……。中粒全盛の昨今ですが、好みの大粒推しのエリアに出会うと、すべて買い占めたくなってしまいます。

調味料

その土地の味を決める調味料。しょうゆやみそひとつにしても、全国で味わいが違います。全国で使われるスタンダードな調味料のほか、地元の婦人会が開発したオリジナル調味料など、道の駅ならではの商品もチェックして。

牛乳

小学校の給食牛乳は、地元メーカーの牛乳を採用することが多いそう。何10年も変わらないクラシックなパッケージや、今でも牛乳瓶で販売されているものも。1ℓパックは買いづらくても、飲みきりサイズで味見がおすすめ。

油揚げ

ひとくちに油揚げと言っても、土地が変われば形も厚さもさまざま。これはもう厚揚げではと思う分厚さのものや、三角形のものがあり驚きます。手揚げのものも多く、「近所の個人商店の豆腐屋さんかな」と想像するのも楽しい。

レシピ

旅先でおいしい郷土料理に出会うと、
作り方を聞いて自宅で再現しています。
それが次第に、我が家の定番になることも。
つくるたびに現地のことを思い出し、
またすぐにでも訪れたくなってしまう。

イガメンチ

青森県の津軽地方を中心に親しまれるソウルフード。
昔は余ったいかの刺し身を食べきるよう活用されたとか。

【材料】（4人分）

いか（冷凍）……100g
キャベツ……80g
にんじん……½本
玉ねぎ……½個
〔A〕
小麦粉、片栗粉……各¼カップ
卵……1個
塩……小さじ½
水……大さじ2
揚げ油、マヨネーズ、七味唐辛子、好みの葉物……各適量

【作り方】

1 いかは8㎜角、キャベツ、にんじん、玉ねぎはそれぞれ粗みじん切りにする。

2 ボールに〔A〕を混ぜ、〔1〕を加えて混ぜる。

3 揚げ油を中温（180℃）に熱し、たねをスプーンでひと口大にして入れる。表裏を返しながら2～3分揚げ、葉野菜、マヨネーズ、七味唐辛子と器に盛る。

紅しょうがや枝豆を加えたり、カレー味にしても。現地では家庭ごとにレシピがあり、普段のおつまみやおかず、お弁当の定番。

さんが焼き

いわしやあじがよく獲れる房総半島発祥の漁師料理。
薬味をたっぷり加えるのがポイント！

【材料】（２人分）

いわし（三枚おろし）……４尾分
長ねぎ……½本
しょうが……１かけ
〔A〕
みそ、酒……各大さじ1
片栗粉……大さじ½
しょうゆ……小さじ½
しそ……６枚
ごま油……大さじ１
からし……適宜

包丁でしっかり身をたたくことで、粘りが出てふっくらと仕上がる。いわし以外にも、あじやさばなど好みの青魚でどうぞ。

【作り方】

1 いわしは皮を剥ぎ、包丁でたたく。長ねぎはみじん切り、しょうがはすりおろす。

2 ボールに〔1〕、〔A〕を入れて練り混ぜ、6等分する。小判型にしてしそを貼り付ける。

3 フライパンにごま油を中火で熱し、生地を並べ入れる。ふたをして弱火で3分、裏返して2分ほど焼いて器に盛る。からしを添える。

青菜のよごし

「すりごまでよごす（汚す）」から「よごし」（諸説あり）。
富山県で出会った逸品で、日本酒はもちろん、温かいごはんにも合う！

【材料】（２人分）

好みの葉野菜
（小松菜、ほうれんそうなど）
……１束

〔A〕
- みそ、酒、すりごま……各大さじ１
- 砂糖……小さじ１

赤唐辛子（輪切り）
……１本分

ごま油……大さじ１

現地で使われる定番野菜は、大根の葉やゆでたなすなど。すりごまたっぷりの和えごろもは、砂糖でしっかり甘くするのが富山流！

【作り方】

1 青菜は堅めにゆで、水気を絞って刻む。器に〔A〕を入れ、混ぜ合わせる。

2 フライパンにごま油、赤唐辛子を入れて弱火にかけ、30秒ほど加熱したら青菜を加えて炒める。全体に油が回ったら、〔A〕を加えて２分ほど炒める。

油揚げとかぶの炊いたん

京都弁で「炊いたもの」「煮たもの」を指す「炊いたん」。
おだしをたっぷりと素材にしみ込ませたホッとする味。

【材料】（2～3人分）

かぶ（小）……3個
油揚げ……1枚
〔A〕
だし汁
（あれば煮干しだし）
……1½カップ
酒、薄口しょうゆ
……各大さじ1
砂糖……大さじ½
塩……少々

【作り方】

1 かぶは皮付きのまま実をくし切りにする。葉は3cm長さに切る。油揚げは縦半分に切り、8等分する。

2 鍋に〔A〕を入れて沸かし、油揚げを入れて弱火で3分ほど煮る。かぶを加え、落としぶたをして3～4分煮る。器に盛り、茎と葉を加えて1分ほど煮て添える。

できれば煮干しだしでつくると、うまみの濃い仕上がりに。かぶはやわらかいので、鍋に入れたらなるべくさわらずに仕上げて。

うずめ飯

島根県の郷土料理。質素倹約を強いられた江戸時代に贅沢しているのを悟られないよう、具材をご飯で隠したのが始まり。

【材料】（2人分）

しいたけ……2枚
かまぼこ……50g
大根……80g
〔A〕
だし汁……2カップ
しょうゆ……大さじ2
酒……大さじ1
片栗粉……小さじ1
（大さじ1の水で溶く）
温かいご飯
……茶碗2杯
わさび……適量

具は白身刺し身、鶏肉、好みの根菜など好みのものを。あっさりと素朴な味わいなので、わさびでアクセントをつけて。

【作り方】

1 しいたけ、かまぼこ、大根は5㎜角に切る。

2 鍋に〔A〕、〔1〕を入れて中火にかけ、沸騰したら弱火にして5分ほど煮る。水溶き片栗粉でとろみをつけて器に盛る。ご飯をかぶせるように盛り、わさびをのせる。よく混ぜて食べる。

がめ煮

福岡県のお正月をはじめ冠婚葬祭には欠かせない料理。方言の「がめくりこむ（寄せ集める）」が料理名の由来。

【材料】（作りやすい量）

鶏もも肉……1枚

〔A〕
酒、しょうゆ
……各大さじ½

干ししいたけ……6枚

れんこん……200g

にんじん……1本

こんにゃく
……½枚（170g）

ごま油……大さじ1

酒・砂糖・みりん
……各大さじ2

しょうゆ……大さじ3

きぬさや……6枚

にんじんは、色がくすみやすいので後から加える。里いもを加える家もあるが、煮くずれやすいので長時間の加熱に注意して。

【作り方】

1 鶏もも肉は大きめのひと口大に切り、〔A〕をまぶす。干ししいたけは2カップの水に入れ、3時間～1晩もどして大きければ斜め半分に切る（もどし汁はとっておく）。れんこん、にんじんは乱切り、こんにゃくはひと口大にちぎって熱湯でさっとゆでる。きぬさやは塩ゆでにする。

2 フライパンにごま油を中火で熱し、鶏もも肉の皮を下にして並べ入れる。両面を焼いて一度取り出し、同じフライパンでれんこん、こんにゃく、しいたけを炒める。全体に油がまわったら、干ししいたけのもどし汁に水を足して2カップにしたもの、酒、砂糖を加えて落としぶたをして10分ほど煮る。

3 にんじん、鶏もも肉、しょうゆ、みりんを加えてさらに10分ほど煮て、器に盛り、きぬさやを散らす。

おわりに

旅にはキャスター付きのスーツケースが相棒。
たとえ1泊2日でも、それは変わりません。
行きは指で持ち上がるほど空っぽなのに、
帰りは飛行機の重量オーバーになるのが常。
そう、だって旅を丸ごと持って帰りたいのです。

産直で見つけた珍しい野菜や果物にたまご、
スーパーで買った謎の調味料や乾物、

泊まった民宿でお土産にもらった自家製漬物、
材木屋のおじさんが「まな板に」とくれた
つかいやすそうなヒノキの板……。
地酒はまとめ買いして配送したのに、
それでもいつの間にかぎゅうぎゅう。

がんばっていろいろ持ち帰ったら、
食材を使って友人と宴会するまでが私の旅。
記憶が薄れる前に酒と土産話で盛り上がろう。
ああ、旅は素敵。次はどこへ行こうかな。

2023年春　ツレヅレハナコ

ツレヅレハナコ

食と酒と旅をこよなく愛する文筆家。数々の雑誌・メディアやSNSで、食にまつわる情報を発信中。著書に『女ひとりの夜つまみ』『まいにち酒ごはん日記』(幻冬舎)、『ツレヅレハナコのお取り寄せ』(立東舎)などがある。
Twitter ／@turehana
Instagram ／@turehana1

ツレヅレハナコの
おいしい名店旅行記

発行日　2023年3月15日 初版第1刷発行

著　者　ツレヅレハナコ
発行者　波多和久
発　行　株式会社Begin
発行・発売　株式会社世界文化社
〒102-8190
東京都千代田区九段北4-2-29
TEL:03-3262-4136（編集部）
TEL:03-3262-5115（販売部）
DTP　株式会社明昌堂
印刷・製本　株式会社リーブルテック

ISBN978-4-418-23302-1